Lo mejor
de la cocina asiática I

KÖNEMANN

Indicaciones prácticas

Para principiantes	Para cocineros con poca experiencia	Para cocineros avanzados

En esta obra las medidas se expresan en gramos y litros. Además, se emplea la taza como medida tanto para ingredientes sólidos como para líquidos. El peso medio de los huevos a emplear en las recetas es de unos 60 g. La capacidad de las conservas se expresa en gramos y suele variar según el producto y el fabricante, por lo que le recomendamos que utilice las que más se aproximen a las que se indican para cada receta.

Unidades de medida y abreviaturas

Taza	=	250 ml
Cucharada	=	cuchara sopera poco colmada (20 ml)
Cucharadita	=	cucharilla de café rasa (5 ml)
g	=	gramo
kg	=	kilogramo
ml	=	mililitro

Este libro se ha realizado basándose en una selección de recetas tomadas de la obra publicada por Murdoch Books bajo el título original de *New Asian Cooking*, *Chinese & Asian* y *Thai Cookbook*.

Könemann Verlagsgesellschaft mbH. Bonner Str. 126, D-50968 Köln
Traducción del inglés: J. Miguel Storch de Gracia
Corrección de estilo y edición: Miguel Ortega Azcárate
Maquetación: Pilar Seidenschnur
Coordinación de la edición española: J. Miguel Storch de Gracia
Fotomecánica: Amoretti S.L.
Impresión y encuadernación: Sing Cheong Printing Co., Ltd.
Impreso en Hong Kong, China
ISBN 3-8290-0141-X

Sumario

Salsas

Salsa base

En un cuenco pequeño, disuelva 1 cucharadita de azúcar con 1/3 de taza (80 ml) de salsa de pescado y, sin dejar de remover, añada 2 cucharadas de vinagre de vino de arroz, 1 cucharada de zumo de lima y 2 guindillas rojas sin semillas y picadas muy finas. Pele y ralle finos 1/2 zanahoria pequeña y 1 rábano e incorpórelos a la salsa justo antes de servir. (La salsa base, sin las verduras, se puede conservar, tapada y en el refrigerador, hasta 1 semana. Sírvala a temperatura ambiente.)
Rendimiento: 1/2 taza (125 ml)

Salsa de semillas de sésamo

Machaque en el mortero 100 g de semillas de sésamo blanco tostado hasta que se forme una pasta homogénea; también puede usar un molinillo de café bien limpio. Si es necesario, para facilitar que se forme la pasta, añada 2 cucharaditas de aceite vegetal. Mezcle la pasta con 1/2 taza (125 ml) de *shoshoyu* (salsa japonesa de soja), 2 cucharadas de *mirin*, 3 cucharaditas de azúcar refinada, 1/2 cucharadita de *dashi* en granulado instantáneo y 1/2 taza (125 ml) de agua caliente. Guarde la salsa en un recipiente bien tapado dentro del refrigerador y consúmala en los 2 días siguientes.
Rendimiento: 1 3/4 tazas (440 ml)

Siguiendo el sentido de las agujas del reloj y desde arriba a la izquierda, salsas de: Soja y jengibre; Limón y ajo; Semillas de sésamo; Salsa base; Jengibre.

Salsa de jengibre

Pele un trozo de 5 cm de jengibre fresco y rállelo muy fino. En un cuenco pequeño, mezcle 2 cucharadas de azúcar y 2 de vinagre de vino de arroz con 1 cucharada de salsa de pescado y remueva bien hasta que el azúcar se haya disuelto. Añada el jengibre, 2 cucharadas de cilantro fresco picado y 1 guindilla verde sin semillas y picada fina; deje enfriar la salsa durante 15 minutos antes de servirla.
Rendimiento: 1/2 taza (125 ml)

Salsa de limón y ajo

En un cuenco pequeño, mezcle 1/4 de taza (60 ml) de zumo de limón, 2 cucharadas de salsa de pescado y 1 cucharada de azúcar; remueva hasta que el azúcar se disuelva completamente. Incorpore 2 guindillas rojas pequeñas picadas y 3 dientes de ajo picados finos.
Rendimiento: 3/4 de taza

Salsa de soja y jengibre

Mezcle en un cuenco pequeño 1 taza (250 ml) de *shoshoyu* (salsa japonesa de soja), un trozo de 5 cm de jengibre fresco pelado y rallado fino y 2 cucharaditas de azúcar refinada. Remueva todo bien y sirva en 15 minutos.
Rendimiento: 1 taza (250 ml)

Pastas de Curry

Pasta de Curry roja

1 cucharada de semillas de cilantro
2 cucharaditas de cominos
1 cucharadita de pimienta negra en grano
2 cucharaditas de pasta de gambas secas
1 cucharadita de nuez moscada molida
12 guindillas rojas grandes secas, o pequeñas y frescas, en trozos grandes
1 taza (110 g) de chalotas, picadas
2 cucharadas de aceite
4 tallos de hierba de limón (la parte blanca), picada fina
12 dientes de ajo pequeños, picados
2 cucharadas de raíces de cilantro frescas, picadas
2 cucharadas de tallos de cilantro frescos, picados
6 hojas de lima *kaffir* (rugosa), en juliana
3 cucharaditas de pimentón
2 cucharaditas de cáscara de lima, rallada
2 cucharaditas de sal
2 cucharaditas de cúrcuma (azafrán de las Indias)

Tueste el cilantro y los cominos en una sartén durante 2 o 3 minutos, removiendo para que no se quemen. Muela los granos de pimienta en un mortero hasta reducirlos a polvo fino. Envuelva la pasta de gambas en papel de aluminio y gratínela durante 3 minutos, dando 2 vueltas al paquete. Bata las especias molidas, la pasta de gambas, la nuez moscada y las guindillas en una trituradora durante 5 segundos. Añada los ingredientes restantes y bátalos durante 20 segundos seguidos las veces que necesite hasta conseguir una pasta cremosa, rebañando cada vez las paredes con una espátula. Se puede conservar en un recipiente herméticamente cerrado y sin aire hasta 3 semanas.

Rendimiento: 1 1/2 tazas (375 g)

Pasta de Curry verde

1 cucharada de semillas de cilantro
2 cucharaditas de cominos
1 cucharadita de pimienta negra en grano
2 cucharaditas de pasta de gambas secas
8-12 guindillas verdes grandes, frescas y picadas gruesas
4 guindillas rojas pequeñas, picadas gruesas
1 taza (110 g) de chalotas, picadas
1 pieza de 5 cm de *galangal* fresco, majado o picado
12 dientes de ajo pequeños, picados
1 taza (50 g) de hojas, tallos y raíces de cilantro fresco, picados
6 hojas de lima *kaffir*, picadas
3 tallos de hierba de limón (la parte blanca), picados finos
2 cucharaditas de cáscara de lima, rallada
2 cucharaditas de sal
2 cucharadas de aceite

Tueste el cilantro y los cominos en una sartén durante 2 o 3 minutos, agitándola continuamente para que no se quemen. Mézclelos con los granos de pimienta y muélalos en un mortero o en un molinillo de café bien limpio hasta reducir todo a polvo fino. Envuelva bien la pasta de gambas en un trozo de papel de aluminio y tuéstela en el gratinador bien caliente durante 3 minutos, dándole 2 vueltas al paquete. Bata las especias molidas y la pasta de gambas en una batidora-trituradora durante 5 segundos. Añada los ingredientes restantes y bátalos durante 20 segundos sin interrupción las veces que necesite hasta formar una pasta cremosa y sin grumos, rebañando cada vez las paredes del recipiente con una espátula. Se puede conservar en un recipiente herméticamente cerrado y sin aire hasta 3 semanas.

Rendimiento: 1 1/2 tazas (375 g)

Pastas, de izquierda a derecha: Curry rojo; Curry verde.

India

Empanadillas de ternera con salsa Chutney de hierbabuena

Tiempo de preparación: 50 min
Tiempo total de cocción: 15 min
Rendimiento: 20 unidades

2 cucharadas de aceite
1 cebolla mediana, picada fina
2 cucharaditas de jengibre, picado
400 g de carne de ternera, picada
1 cucharada de *curry* en polvo
1 cucharadita de sal
1 tomate mediano, pelado y picado
1 patata mediana, cortada en dados
1/4 de taza de agua fría
1 cucharada de hierbabuena fresca, picada fina
1 paquete (1 kg) de láminas de hojaldre
1 yema de huevo, ligeramente batida
1 cucharada de crema

Salsa Chutney de hierbabuena

1 taza de tallos de hierbabuena fresca
4 cebolletas
1 guindilla roja, sin semillas
1/4 de cucharadita de sal
1 cucharada de zumo de limón
2 cucharaditas de azúcar extrafina
1/4 de cucharadita de *garam masala*
1/4 de taza de agua

➤ Caliente el aceite en una sartén, eche la cebolla y el jengibre y sofríalos hasta que la cebolla esté blanda y dorada.

1 Incorpore la carne y el *curry* en polvo y saltéelo a fuego fuerte hasta que la carne se dore. Añada la sal y el tomate y deje que cueza tapado durante 5 minutos. Añada la patata y el agua y déjelo todo cociendo otros 5 minutos. Retírelo del fuego y déjelo enfriar. Eche la hierbabuena.

2 Precaliente el horno a 210° C. Corte la pasta de hojaldre en redondeles de 13 cm de diámetro y luego por la mitad. Déles la forma de un cono, doblando cada uno de los semicírculos por la mitad y aplastando con el tenedor los bordes superpuestos para que queden pegados.

3 Vierta 2 cucharaditas de la mezcla de carne en cada uno de los conos. Aplaste los bordes con el tenedor para sellarlos. Coloque las empanadillas de hojaldre en una bandeja de horno engrasada ligeramente. Bata la yema de huevo con la crema y pinte con ella las empanadillas. Hornéelas de 10 a 15 minutos.

Para preparar la salsa Chutney de hierbabuena: pique gruesas las ramitas de hierbabuena, las cebolletas y la guindilla y póngalos en una batidora-trituradora con los ingredientes restantes; triture la mezcla hasta que quede una pasta uniforme. Sírvala sobre las empanadillas calientes.

Consejos del chef

Prepare las empanadillas unas horas antes y guárdelas en el refrigerador. Hornéelas justo antes de servir. Puede preparar la salsa el día anterior; sirve como acompañamiento de diferentes *currys*.
El *garam masala* es un condimento que se añade a los platos al final de su preparación, justo antes de servirlos.

1

Parathas (pan sin levadura)

Tiempo de preparación: 30 min
Tiempo total de cocción: 10 min
Rendimiento: 6 unidades

1/2 taza de harina integral (*atta*)
1 taza de harina común (*roti*)
1/2 cucharadita de sal
3 cucharadas de *ghee*
1/2 taza de agua
2 cucharadas más de *ghee*, para freír

➤ Tamice las harinas y la sal en un cuenco mediano.

1 Incorpore 1 cucharada de *ghee* y el agua necesaria para formar una masa elástica. Trabaje la masa brevemente sobre una superficie un poco enharinada. Pase el rodillo hasta formar un rectángulo de 60 x 30 cm. Ablande el *ghee* restante hasta que tenga una consistencia elástica y extiéndalo por toda la masa. Haga rollitos estilo suizo y corte la masa en 6 piezas iguales.

2 Aplaste los extremos de cada rollito para que el *ghee* no se salga. Enharine ligeramente la superficie de trabajo y el rodillo y extienda cada rollito hasta formar un redondel de unos 15 cm de diámetro. Enharine ligeramente cada *paratha*.

3 Caliente una sartén de fondo grueso a fuego medio y derrita un poco del *ghee* restante. Tueste las *parathas* de una en una, aplastándolas ligeramente con una servilleta limpia o con una espátula, procurando que se esponje la masa. Debería bastar con un poco más de un minuto por cada lado. Las *parathas* se pueden servir como sustituto del arroz. Sírvalas con los *kebabs*, con un *curry* seco y con platitos de encurtidos y salsas para untar y mojar.

Consejos del chef
Puede preparar la masa el día anterior y guardarla en el refrigerador.

Empanadillas picantes de patata

Tiempo de preparación: 40 min
Tiempo total de cocción: 20 min
Rendimiento: 24 unidades

Relleno
2 cucharadas de *ghee* o aceite
1 cebolla grande, picada
1 cucharadita de ajo, picado fino
1 cucharadita de jengibre, picado fino
1/2 cucharadita de chile en polvo
1 cucharadita de semillas de mostaza
1 cucharadita de comino molido
1 cucharadita de cilantro molido
1/4 de cucharadita de cúrcuma
1/2 cucharadita de sal
500 g de patatas, cortadas en dados de 1 cm
1/3 de taza de agua
1 taza de guisantes congelados
1 cucharada de zumo de limón
1 cucharada de cilantro fresco, picado fino (u hojas de hierbabuena)

Pasta de hojaldre
2 tazas de harina común
1/2 cucharadita de sal
125 g de mantequilla congelada, cortada en cuadraditos
1/3 de taza de agua muy fría
1 yema de huevo, poco batida

➤ **Para preparar el relleno:** caliente el *ghee* en una sartén y rehogue la cebolla, el ajo y el jengibre hasta que se ablanden.
1 Añada el chile, la mostaza, el comino, el cilantro, la cúrcuma, la sal, las patatas y el agua y cuézalo 10 minutos. Agregue los guisantes, el zumo de limón y el cilantro y cuézalo 5 minutos más. Deje enfriar.
2 **Para hacer la masa de hojaldre:** bata la harina, la sal y la mantequilla en un cuenco hasta que la mezcla tenga aspecto migoso. Agregue agua suficiente para hacer una masa suave, trabájela brevemente sobre una superficie enharinada, envuélvala en plástico y métala en la nevera 20 minutos.
3 Precaliente el horno a 180° C. Divida la masa de hojaldre en dos; estírelas con el rodillo sobre una superficie enharinada hasta que tenga 3 mm de espesor cada una. Corte redondeles de 12 cm de diámetro.
4 Ponga 2 cucharaditas de relleno en el centro de cada redondel, pliéguelos por la mitad y aplaste los bordes para que queden pegados. Ponga las empanadillas en una bandeja de horno, píntelas con yema de huevo y hornéelas entre 15 y 20 minutos.

Consejos del chef
Prepárelas unas horas antes y guárdelas en la nevera. Cocínelas justo antes de servir.
Variación: la pasta de hojaldre se puede preparar también en batidora; bátala en ráfagas cortas y vigile no amasarla en exceso y que se ponga demasiado dura.

Vieiras y pescado en salsa de jengibre y lima

Tiempo de preparación: 15 min
Tiempo total de cocción: 12-15 min
Raciones: 4

500 g de filetes de pescado blanco, de carne consistente
350 g de vieiras
2 cucharadas de aceite
1 trozo de jengibre fresco de 5 cm, rallado
3 cebolletas, picadas
1 cucharada de zumo de lima
2 cucharadas de mermelada de chile
2 cucharadas de agua
2 cucharaditas de cáscara de lima, rallada fina
1/4 de taza de hojas frescas de cilantro
gajos de lima, opcional

1 Corte el pescado en cuadraditos y quite las venillas negras a las vieiras. Caliente la mitad del aceite en un *wok* o en una sartén grande y rehogue el jengibre y las cebolletas unos 30 segundos. Sáquelo y resérvelo. Vuelva a calentar el *wok* y, cuando esté muy caliente, eche el aceite restante.

2 Saltee el pescado y las vieiras durante 2 o 3 minutos en 3 tandas. Sáquelos del *wok* y resérvelos.

3 Eche en el *wok* el jugo de lima, la mermelada de chile, el agua y la cáscara de lima; llévelo a ebullición, removiendo continuamente. Incorpore el pescado, las vieiras y la mezcla de cebolla y jengibre, removiendo cuidadosamente con la salsa. Sírvalo inmediatamente, adornándolo con hojas de cilantro, gajos de lima y acompañado con arroz cocido al vapor.

Consejos del chef

Una vez abierto el envase, guarde la mermelada de chile en el refrigerador.

Saltee el marisco y el pescado con el *wok* muy caliente y removiendo continuamente. Tenga especial cuidado en no cocerlos demasiado tiempo para que no queden duros y secos.

Filetes de pescado con salsa de guindilla y lima

Tiempo de preparación: 10 min
Tiempo total de cocción: 10 min
Raciones: 4-6

1/4 de taza de harina de arroz o de harina de maíz
6 filetes medianos de pescado blanco (perca, pargo, dorada o cazón)
2 cucharadas de aceite

Salsa de guindilla y lima
6 dientes de ajo, majados
2 cucharaditas de guindillas rojas picadas
1 cucharada de azúcar morena fina
1/4 de taza de zumo de lima
2 cucharaditas de cáscara de lima, rallada fina
2 cucharadas de agua

1 Ponga la harina en una fuente y reboce los filetes de pescado en ella, haciendo ligera presión, hasta que queden bien cubiertos. Sacuda el exceso de harina.
2 Caliente el aceite en una sartén de fondo grueso; ponga los filetes en la sartén por tandas y fríalos a fuego medio por las dos caras, dándoles una sola vuelta con cuidado. Páselos a una fuente de servir caliente y resérvelos.
3 **Para preparar la salsa de guindilla y lima:** vacíe el aceite sobrante de la sartén, eche en ella el ajo y las guindillas y saltéelos durante 2 minutos, sin dejar de remover. Incorpore el azúcar, el zumo y la cáscara de lima y el agua. Lleve la salsa a ebullición, sin dejar de remover. Deje que cueza 1 minuto y échela con la cuchara por encima del pescado. Sírvalo con arroz.

Consejos del chef
Quite las semillas a las guindillas si quiere que la salsa no resulte tan picante.
Puede agregar dos cucharadas de crema de coco a la salsa, si lo desea.
La harina de arroz proporciona un sabor delicioso y consigue que el rebozado sea ligero y delicado.

Pescado frito con Curry suave y cilantro

Tiempo de preparación: 3 min
Tiempo total de cocción: 10 min
Raciones: 4

2 cucharadas de *ghee*
4 filetes de pescado blanco, de unos 125 g cada uno
1 cebolla mediana, picada fina
1 cucharadita de ajo, picado fino
1 cucharadita de cilantro molido
2 cucharaditas de comino molido
1/2 cucharadita de cúrcuma
1/2 cucharadita de chile en hojillas
1 cucharada de tomate concentrado
1/2 taza de agua
1/4 de taza de cilantro, picado fino

➤ Derrita el *ghee* en una sartén grande y fría el pescado durante 1 minuto por cada lado. Páselo a una fuente.
1 Saltee a fuego medio la cebolla y el ajo hasta que estén blandos y dorados. Incorpore el cilantro, el comino, la cúrcuma y el chile, y rehóguelo otros 30 segundos.
2 Añada el tomate concentrado y el agua, y cuézalo despacio durante 2 minutos. Incorpore los filetes de pescado, dándoles la vuelta para que se empapen bien.
3 Déjelos cocer durante 1 minuto por cada lado. Cuando estén casi hechos, añada el cilantro picado y deje que se calienten completamente. Sírvalo con arroz o panes sin levadura (*parathas*).

Consejos del chef

Prepare este plato inmediatamente antes de servirlo.
Puede utilizar cualquier tipo de pescado blanco, pero de carne consistente.

Gambas al Curry con crema

Tiempo de preparación: 30 min
Tiempo total de cocción: 15 min
Raciones: 4

1 cebolla grande, picada grueso
2 dientes de ajo
1 cucharadita de pimentón dulce
1/2 cucharadita de cúrcuma
3 guindillas rojas grandes, sin semillas
1 cucharada de *ghee*
2 cucharadas de aceite
1 kg de gambas crudas, peladas y limpias, pero con las colas intactas
1 taza de crema
2 cucharaditas de azúcar morena o de azúcar de palma

Ensalada de tomate y cebolla

1 cebolla roja grande
1 tomate grande, en rodajas delgadas
sal y chile en polvo, al gusto
1/4 de taza de cilantro fresco o ramitas de hierbabuena, de guarnición

➤ Triture la cebolla, el ajo, el pimiento y la cúrcuma hasta obtener una crema suave y sin grumos.
1 Añada los chiles y vuelva a triturar hasta que quede cremoso.
2 Caliente el *ghee* y el aceite en una sartén y sofría la mezcla de cebolla picada a fuego entre medio y bajo unos 5 minutos, hasta que quede ligeramente dorada y olorosa.
3 Incorpore la crema y llévelo a ebullición. Déjelo cocer unos 3 minutos hasta que espese. Añada las gambas y el azúcar. Deje que cueza hasta que las gambas estén en su punto. Sírvalo enseguida con arroz o pan.
Para hacer la ensalada de tomate y cebolla: parta ésta por la mitad y en gajos. Separe las hojas y mézclelas con las rodajas de tomate. Sazone con sal y guindilla en polvo. Adorne con ramitas de cilantro.

Consejos del chef

Prepare este plato justo antes de servir.
Variación: puede usar 500 g de filetes de pescado blanco de carne consistente en lugar de las gambas. Trocéelos.

Pescado frito con Curry suave y cilantro (arriba) y Gambas al Curry con crema

Filetes de pescado picantes con yogurt

Tiempo de preparación: 10 min + 20 min de marinado
Tiempo total de cocción: 10 min
Raciones: 4

4 filetes de pescado blanco, de unos 180 g cada uno
3 cucharadas de yogurt natural
1 1/2 cucharaditas de *garam masala*
1 cucharadita de ajo majado
1/2 cucharadita de sal
1/2 cucharadita de chile en hojillas

➤ Ponga el pescado en una fuente.

1 Mezcle el yogurt, el *garam masala*, el ajo, la sal y el chile. Unte el pescado con esta mezcla, tápelo y déjelo marinando durante 20 minutos en sitio fresco.

2 Escúrralo; póngalo en una parrilla ligeramente engrasada y áselo a fuego fuerte durante 2 o 3 minutos por cada lado.

3 Compruebe con la punta de un cuchillo si está hecho y sirva con arroz blanco.

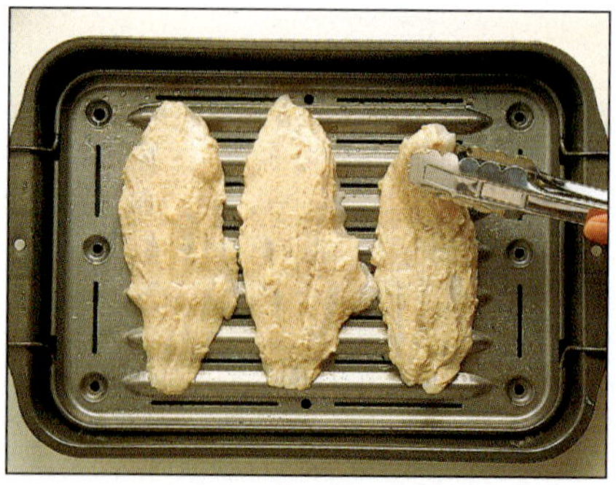

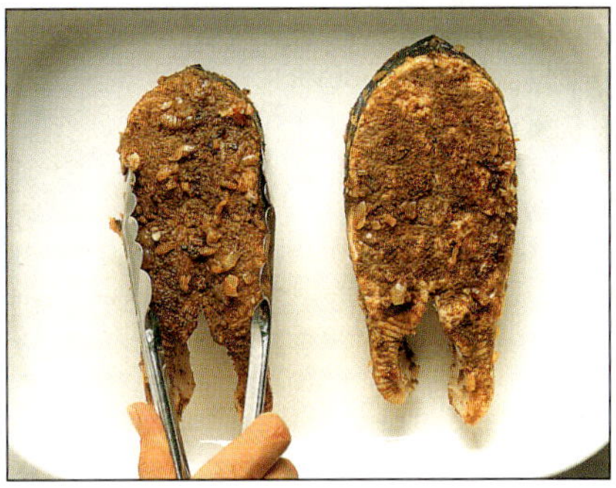

Pescado en salsa agridulce

Tiempo de preparación: 30 min
Tiempo total de cocción: 15 min
Raciones: 4

4 rodajas de pescado blanco, de unos 300 g cada una
6 cucharaditas de cilantro molido
1 cucharada de comino molido
1/4 de cucharadita de clavo en polvo
1/2 cucharadita de canela en polvo
2 cucharadas de zumo de limón, vinagre de malta o salsa de tamarindo
6 cucharadas de aceite
1/4 de cucharadita de semillas de fenogreco
4 hojas de *curry* secas
2 cebollas medianas, picadas finas
3 cucharaditas de chile en polvo
2 cucharaditas de ajo, picado fino

➤ Precaliente el horno a 180° C.

1 Tueste el cilantro y el comino en una sartén hasta que queden de color dorado claro, sin dejar de remover. Añada los clavos, la canela y el zumo de limón. Empape bien el pescado con esta mezcla y métalo en la nevera durante 15 o 20 minutos.

2 Caliente aceite en una sartén; fría las semillas de fenogreco y las hojas de *curry* unos 2 minutos a fuego fuerte. Incorpore la cebolla, el chile y el ajo y sofríalos hasta que queden blandos y dorados.

3 Ponga en la sartén las rodajas de pescado de dos en dos y áselas a fuego muy vivo por ambos lados. Sáquelas cuando estén bien doradas y páselas a una fuente de horno.

4 Hornéelas sin tapar durante 6 minutos o hasta que estén hechas. Sirva el pescado en una fuente, adornado con guindillas rojas abiertas formando flores y cilantro.

Consejos del chef

Prepare este plato justo antes de servir. Las semillas de fenogreco tienen un sabor suave a *curry* pero con un postgusto amargo. Se usan con mucha frecuencia para preparar las salsas de *curry* indias, mezcladas siempre con otras especias.

Las hojas de *curry* se parecen mucho en su aspecto a las hojas de laurel (aunque su sabor es muy distinto) y son el ingrediente esencial para preparar el *curry* en polvo al estilo de Madrás.

Pollo Tandoori

Tiempo de preparación: 15 min + 4 h de marinado
Tiempo total de cocción: 20 min
Raciones: 4

2 pollos pequeños (de unos 750 g cada uno) o 1 kg de muslos
2 cucharadas de vinagre de malta o de zumo de limón
1 1/2 cucharaditas de chile en polvo
1 1/2 cucharaditas de pimentón dulce
2 cucharaditas de cilantro molido
2 cucharaditas de comino molido
1 cucharadita de *garam masala*
1 cucharada de jengibre, rallado fino
1 cucharada de ajo majado
1 cucharadita de sal
1/3 de taza de yogurt natural
3 cucharadas de *ghee* derretido o aceite

➤ Lave los pollos en agua corriente fría. Séquelos con papel absorbente.

1 Mezcle el vinagre, el chile, el pimentón, el cilantro, el comino, el *garam masala*, el jengibre, el ajo, la sal y el yogurt en una fuente grande de cristal o de cerámica.

2 Con las tijeras, retire la carcasa (dejando los huesos de los muslos y las alas) de los pollos; déles luego la vuelta y aplástelos. Haga bastantes cortes en la piel y póngalos en una bandeja, báñelos bien con la marinada y frótelos para que penetre en la carne. Déjelos marinando bien tapados en el refrigerador durante 4 horas.

3 Ponga los pollos en una parrilla fría y ligeramente aceitada. Úntelos con el *ghee* derretido. Áselos a fuego medio durante unos 20 minutos, dándoles media vuelta de vez en cuando y bañándolos con la marinada que haya sobrado. Sirva los pollos sobre una tabla de madera, acompañados de panes del tipo *naan* o *chapatis*, gajos de limón y de cebolla y ensalada de tomate.

Consejos del chef

Prepare este plato justo antes de servirlo. También es delicioso frío y se puede conservar en el refrigerador bien tapado durante 2 días.

Si le quita la piel al pollo, el sabor de las especias de la marinada podrá penetrar mucho mejor en la carne. Además, el plato terminado resultará menos grasiento que si lo asa con piel.

Variación: el asado a la parrilla le da muy buen sabor al pollo, pero si quiere que quede realmente exquisito y con un ligero toque de ahumado, prepárelo de la misma forma, pero luego áselo en la barbacoa como acostumbra.

Pollo al Curry con mango y crema

Tiempo de preparación: 10 min
Tiempo total de cocción: 20 min
Raciones: 4

750 g de filetes de pechuga de pollo
2 cucharadas de *ghee* o de aceite
2 cebollas grandes, en rodajas finas
2 guindillas rojas sin semillas, en aros
1 cucharadita de jengibre, rallado
1/4 de cucharadita de hebras de azafrán
1 cucharada de agua caliente
1/4 de cucharadita de pimienta blanca molida
1/2 cucharadita de sal
1/2 cucharadita de cardamomo molido
1/2 taza de nata
2 mangos maduros o 1 lata de 425 g de rodajas de mango, escurridas

Raita de hierbabuena y yogurt

1 taza de yogurt natural
1/4 de taza de hojas de hierbabuena frescas, picadas finas
1 guindilla verde, sin semillas, picada
1 cucharadita de jengibre, picado fino
1/2 cucharadita de sal

➤ Lave el pollo en agua fría y séquelo con papel absorbente.

1 Córtelo en tiras de 3 cm de ancho. Caliente el *ghee* en una sartén y rehogue bien la cebolla, el chile y el jengibre.

2 Tueste las hebras de azafrán en una sartén a fuego lento, removiéndolas. Déjelas enfriar y póngalas en un cuenco. Aplástelas con el revés de una cuchara y agregue agua caliente para que se disuelva. Incorpore las tiras de pollo, la sal, la pimienta y el cardamomo a la mezcla de cebolla y remueva bien para que se empapen. Añada el azafrán y la nata. Deje que cueza a fuego lento, sin tapar, unos 10 minutos.

3 Pele los mangos, separe la carne del hueso y córtela en gajos. Incorpórelos a la sartén y deje cocer otros 4 minutos, hasta que el mango esté bien caliente y blando.

Para preparar la *raita* de hierbabuena y yogurt: mezcle todos los ingredientes y sírvala bien fría.

Consejos del chef

Prepare el plato el día anterior; guárdelo en el refrigerador. Este *curry* no se debe congelar ya que contiene fruta.

Ternera asada a la cazuela con Curry

Tiempo de preparación: 30 min
Tiempo total de cocción: 2 h
Raciones: 6

6 cucharaditas de cilantro molido
1 cucharada de comino molido
1/2 cucharadita de clavo en polvo
12 vainas de cardamomo
2 ramitas de canela
1 cucharadita de cúrcuma
1/2 cucharadita de sal
2 cucharadas de *ghee*
1 cucharada de aceite
3 cebollas medianas, picadas finas
1 cucharada de ajo, picado fino
1 cucharada de jengibre, picado fino
1 pieza de 1,5 kg de espalda de ternera
1/2 taza de vinagre de vino blanco
1 lata de 400 ml de leche de coco
2 tazas de agua
4 hojas de lima tailandesa, o 2 tallos de hierba de limón, o 4 tiras de cáscara de limón
6 cucharaditas de azúcar morena fina
2 guindillas rojas, en aros
1/2 taza de leche de coco, extra

➤ Ponga el cilantro en una sartén pequeña a fuego medio.
1 Tuéstelo removiendo continuamente hasta que esté bien dorado y desprenda mucho aroma; resérvelo en un cuenco. Repita el proceso con el comino y añádalo al cilantro con los clavos, el cardamomo, la canela, la cúrcuma y la sal.
2 Caliente el *ghee* y el aceite en una cazuela grande. Eche la cebolla, el ajo y el jengibre y sofríalo hasta que quede blando y dorado. Reduzca el fuego para evitar que la mezcla se queme. Incorpore las especias del cuenco y mezcle bien todo. Añada la carne, el vinagre, la leche de coco, el agua, las hojas de lima, el azúcar y el chile. Llévelo a ebullición, reduzca el fuego y cuézalo tapado a fuego lento durante 1 1/2 horas para que la carne quede muy tierna.
3 Saque la carne de la cazuela y cuele el caldo en un cuenco; tire todos los ingredientes, salvo las cebollas, y póngalas de nuevo en la cazuela con el caldo.Reduzca la mezcla a fuego fuerte hasta que se espese, unos 20 minutos. Incorpore de nuevo la carne a lacazuela; agregue el resto de leche de coco. Deje cocer a fuego lento durante 15 minutos para que se caliente completamente. Sirva con arroz blanco cocido o con arroz condimentado con las hierbas que prefiera.

Consejos del chef

Prepárelo 3 días antes y guárdelo en el refrigerador. También lo puede conservar congelado hasta 1 mes.

Pierna de cordero asada con especias

Tiempo de preparación: 30 min + el marinado de toda la noche
Tiempo total de cocción: 1 h y 30 min
Raciones: 6

1 pierna de cordero de 1,7 kg

Marinada

1 cucharada de jengibre, rallado fino
2 cucharaditas de ajo majado
1 cucharadita de cúrcuma
1 cucharadita de *garam masala*
1/2 cucharadita de chile en hojillas
2 cucharaditas de zumo de lima o de limón
2 cucharaditas de aceite

Cobertura

2 cucharadas de almendras molidas
1/4 de taza de yogurt natural
1 cucharada de miel
1/4 de cucharadita de hebras de azafrán
1/4 de taza de agua caliente

➤ Quite a la carne la grasa sobrante y los nervios. Con un cuchillo afilado, haga cortes cada 5 cm en toda la carne.

1 Para preparar la marinada: mezcle todos los ingredientes. Si resulta muy espesa, añada más aceite. Impregne la carne, insistiendo en los cortes. Tápela y déjela por la noche en el refrigerador.

2 Para preparar la salsa cobertura: mezcle las almendras, el yogur y la miel. Tueste las hebras de azafrán hasta que estén crujientes; aplástelas con una cuchara y disuélvalas con agua. Incorpórelo al resto.

3 Precaliente el horno a 180° C. Ponga el cordero en una rejilla sobre una bandeja de horno con un poco de agua y hornéelo 30 minutos. Úntelo con la cobertura y áselo 1 hora si lo desea medio hecho, y 1 1/2 horas para que quede muy hecho. Déjelo reposar 15 minutos y trínchelo.

Consejos del chef

Prepare este plato inmediatamente antes de servirlo.

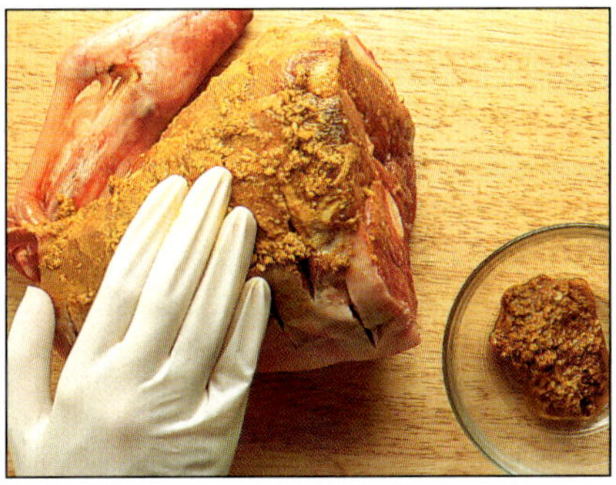

Cordero con arroz especiado

Tiempo de preparación: 30 min
Tiempo total de cocción: 2 h
Raciones: 6 (vea Consejos del chef)

3 jarretes de pierna de cordero (alrededor de 1 kg)
2 litros de agua
1 cebolla grande, en rodajas
10 clavos enteros
1 ramita de canela
5 vainas de cardamomo
1 1/2 cucharaditas de sal
3 cucharadas de *ghee* o de aceite
2 cebollas medianas, en tiras finas
1 cucharadita de ajo majado
1/4 de cucharadita de pimienta negra molida
1/4 de cucharadita de canela en polvo
1/4 de cucharadita de clavo en polvo
1/4 de cucharadita de nuez moscada molida
3 tazas de arroz de grano largo
1/4 de cucharadita de hebras de azafrán
1/4 de taza de agua caliente
pasas de Corinto y pistachos pelados para la guarnición

➤ Ponga el cordero en una cazuela grande con el agua, la cebolla, los clavos, la ramita de canela, las vainas de cardamomo y la sal. Lleve a ebullición.

1 Desgrase el caldo y deje que cueza a fuego lento entre 1 y 1 1/2 horas, según el tamaño de los jarretes. Retire el cordero y déjelo enfriar. Cuele el caldo y, si es necesario, añada agua hasta completar 5 tazas.

2 Caliente el *ghee* en una sartén pequeña y sofría despacio la cebolla y el ajo hasta que estén bien reducidos y apenas dorados. Añada las especias molidas.

3 Deshuese los jarretes y corte la carne en dados. Póngalos en un cuenco con la cebolla y la mezcla de especias.

4 Lave y escurra el arroz. Ponga la mitad en una cazuela grande, cúbralo con la cebolla y el cordero y ponga encima el resto; tápelo bien. Tueste las hebras de azafrán en una sartén hasta que estén crujientes, sin dejar de remover. Póngalas en un cuenco y macháquelas con el dorso de una cuchara. Añada el agua y disuelva. Vierta en la cazuela el caldo que había reservado y el azafrán y llévelo a ebullición. Tápelo, reduzca el fuego al mínimo y deje cocer 20 minutos. Destape y esponje ligeramente el arroz. Sírvalo con las pasas y los pistachos.

Consejos del chef
Prepare este plato inmediatamente antes de servirlo.
Se sirve como acompañamiento.

Korma de cordero

Tiempo de preparación: 15 min
Tiempo total de cocción: 1 h
Raciones: 4

1 kg de pierna de cordero, deshuesada
2 cebollas grandes, picadas
2 cucharaditas de jengibre rallado
3 cucharaditas de ajo picado
3 chiles secos grandes, o al gusto
3 cucharadas de *ghee* o de aceite
3/4 de cucharadita de cúrcuma (azafrán de las Indias)
2 cucharaditas de comino molido
3 cucharaditas de cilantro molido
1/2 taza de tomates, pelados y picados
1/4 de cucharadita de clavo en polvo
1/4 de cucharadita de cardamomo molido
1/2 cucharadita de canela en polvo
1/4 de cucharadita de pimienta negra molida
1/3 de taza de agua
1/2 taza de nata

Yogurt con cebolla y hierbabuena
1 cebolla blanca mediana, en rodajas muy finas
2 cucharadas de vinagre de vino blanco
1/4 de cucharadita de sal
1 cucharada de hierbabuena picada gruesa
2 cucharadas de yogurt natural

➤ Quite a la carne la grasa y los nervios.
1 Córtela en dados de 3 cm y resérvela. Ponga la cebolla, el jengibre, el ajo y los chiles en una batidora y tritúrelos hasta hacer una pasta cremosa. Si es necesario, añada agua para facilitar el triturado.
2 Caliente *ghee* o aceite en una sartén y ponga la mezcla de cebolla. Incorpore la cúrcuma, el comino y el cilantro y sofría hasta que se evapore el líquido. Agregue la carne y rehóguela a fuego fuerte hasta que esté dorada por todos lados.
3 Reduzca el fuego, añada el resto de los ingredientes, tape y deje cocer a fuego lento entre 30 y 40 minutos. Remueva de vez en cuando para que la mezcla no se pegue. Sírvalo con arroz de grano largo cocido al vapor y con salsa de yogurt.
Para preparar el yogurt con cebolla y hierbabuena: ponga la cebolla con el vinagre en un cuenco pequeño de vidrio y déjelo reposar media hora. Tire el vinagre y enjuague la cebolla dos veces en agua. Escúrrala y añada la sal, el yogurt y la hierbabuena. Sírvalo bien frío.

Consejos del chef
Prepare este plato 3 días antes y consérvelo en el refrigerador.
También se puede conservar congelado hasta 1 mes.

Ternera al Curry picante

Tiempo de preparación: 20 min
Tiempo total de cocción: 30-35 min
Raciones: 4

1 cucharada de aceite
1 cebolla grande, picada
1-2 cucharadas de pasta de *curry* verde (según receta de pág. 5)
500 g de espalda de ternera, cortada en tiras gruesas
$^{3}/_{4}$ de taza de leche de coco
$^{1}/_{4}$ de taza de agua
6 hojas de lima *kaffir*
100 g de berenjenitas
2 cucharadas de salsa de pescado
1 cucharadita de azúcar morena fina
2 cucharaditas de cáscara de lima, rallada fina
$^{1}/_{2}$ taza de hojas frescas de cilantro
$^{1}/_{2}$ taza de hojas frescas de albahaca

1 Caliente el aceite en un *wok* o sartén grande. Agregue la cebolla y la pasta de *curry*; sofría durante 2 minutos a fuego medio hasta que desprenda todo su aroma.
2 Caliente bien el *wok* a fuego fuerte y saltee la carne en dos tandas hasta que esté bien dorada. Ponga toda la carne de nuevo en el *wok* y agregue la leche de coco, el agua y las hojas de lima *kaffir*. Llévelo todo a ebullición, reduzca el fuego y déjelo cocer a fuego lento durante 10 minutos. Incorpore las berenjenas y deje que cueza sin tapar otros 10 minutos o hasta que la carne y las berenjenas estén bien tiernas.
3 Incorpore la salsa de pescado, el azúcar y la cáscara de lima y remueva bien; añada el cilantro y la albahaca picada. Sírvalo enseguida con arroz cocido al vapor.

Consejos del chef

Use berenjenas medianas o grandes cortadas en rodajas si no encuentra pequeñas.

Carne de cerdo al Curry con coco

Tiempo de preparación: 10 min
Tiempo total de cocción: 1 h y 15 min
Raciones: 4

750 g de pierna o de lomo de cerdo
1 cucharada de aceite
5 hojas de *curry*
1 cebolla grande, picada fina
3 cucharaditas de ajo, picado fino
1 cucharadita de jengibre, rallado
1/2 cucharadita de chile en polvo
1/2 cucharadita de sal
1/2 cucharadita de canela en polvo
1/4 de cucharadita de clavo en polvo
1/2 cucharadita de semillas de hinojo
1 cucharadita de comino molido
3 cucharaditas de cilantro molido
2 cucharadas de zumo de limón, vinagre de malta o salsa de tamarindo
1/2 taza de agua caliente
1/2 taza de leche de coco

➤ Quite la corteza a la carne de cerdo. Corte la carne en dados de 3 cm.
1 Caliente el aceite en una sartén grande y sofría las hojas de *curry*, la cebolla y el ajo hasta que la cebolla esté bien blanda. Añada el jengibre, el chile, la sal y las especias; deje cocer durante 1 minuto.
2 Incorpore la carne y remuévala bien con la mezcla de especias; agregue el zumo de limón. Cueza durante 45 minutos, removiendo alguna vez, hasta que el caldo se evapore y la carne cueza en su jugo.
3 Cueza sin parar de remover otros 5 minutos: el color se oscurecerá y el aroma será más intenso. Vierta el agua y la leche de coco; deje cocer al mínimo durante 10 minutos, hasta que el caldo se espese.

Consejos del chef

Prepárelo 3 días antes y guárdelo en el refrigerador. También se puede guardar congelado hasta 1 mes.

Carne de cerdo al Curry agrio y picante

Tiempo de preparación: 20 min + el marinado de toda la noche
Tiempo total de cocción: 2 h
Raciones: 6

1,5 kg de paletilla de cerdo
6 cucharaditas de ajo majado
1 cucharada de jengibre rallado fino
1 cucharadita de pimienta negra molida
1 cucharada de comino molido
1½ cucharaditas de canela en polvo
1 cucharadita de nuez moscada molida
¾ de cucharadita de clavo en polvo
1 taza de vinagre de vino blanco
3 cucharadas de *ghee* o de aceite
3 cebollas medianas, picadas finas
½ taza de zumo de tomate
3 guindillas rojas, sin semillas, picadas
1 cucharadita de sal
1 cucharada de azúcar morena fina

➤ Quite la corteza a la carne de cerdo y córtela en dados de 3 cm. Póngala en una fuente grande de vidrio o cerámica.

1 Mezcle el ajo, el jengibre, el comino, la pimienta, la canela, la nuez moscada, los clavos y la mitad del vinagre y póngalo en la fuente. Remueva bien la carne con la marinada, tape la fuente y déjela en el refrigerador toda la noche. Saque la carne, escúrrala y reserve la marinada.

2 Caliente *ghee* o aceite en una sartén grande y dore la cebolla. Agregue la carne y fríala hasta que cambie de color.

3 Incorpore el zumo de tomate, el resto del vinagre, el chile y la sal. Deje cocer al mínimo, tapado, durante 1½ horas o hasta que la salsa se reduzca y espese y la carne esté tierna. Añada el azúcar.

Consejos del chef

Prepárelo 3 días antes y guárdelo en el refrigerador. Congelado dura 1 mes.

Arroz de guarnición

Tiempo de preparación: 10 min
Tiempo total de cocción: 20 min
Raciones: 4

1 cucharada de *ghee* o de aceite
1 cebolla mediana, en tiras finas
1½ tazas de arroz de grano largo
1 cucharadita de sal
3 tazas de agua hirviendo

➤ Caliente *ghee* en una sartén mediana con una tapa que cierre bien.
1 Sofría la cebolla hasta que quede bien dorada; sáquela y resérvela en un plato. Rehogue el arroz durante 2 minutos en el *ghee*, removiendo continuamente.
2 Añada la sal y el agua hirviendo y deje cocer sin tapar hasta que el agua se evapore y empiece a asomar el arroz en la superficie. Tápelo, reduzca el fuego al mínimo y déjelo cocer otros 15 minutos.
3 Quite la tapa, esponje el arroz con un tenedor y deje que suelte el vapor. Páselo a una fuente y adórnelo con las tiras de cebolla que había reservado.

Consejos del chef

Prepare este plato justo antes de servir. El arroz es un ingrediente que ofrece infinitas posibilidades para combinarlo con la mayoría de las especias.

Encurtido de hortalizas en aceite

Tiempo de preparación: 20 min
Tiempo total de cocción: 30 min
Rendimiento: 4 tazas

2 tazas de aceite
3 cucharadas de cominos
1 cucharada de semillas de hinojo
8 cucharadas de semillas de mostaza negra
1/4 de taza de cilantro molido
1/2 taza de comino molido
1/3 de taza de jengibre, rallado fino
2 zanahorias medianas, en tiras
1/4 de taza de ajo, rallado fino
3 pimientos rojos grandes, sin semillas y cortados en tiras delgadas
4 tazas de flores de coliflor
1 1/2 tazas de vinagre de malta
3 cucharaditas de sal

➤ Caliente aceite en una cazuela de acero inoxidable y añada las especias enteras.
1 Sofríalas a fuego lento durante 1 minuto. Agregue las especias molidas, el jengibre rallado y el ajo, y cuézalo durante 2 minutos. Añada las hortalizas y remueva para que se mezclen con las especias por igual.
2 Incorpore el vinagre y la sal y llévelo a ebullición. Cueza al mínimo y sin taparlo durante 25 minutos, removiéndolo de vez en cuando para evitar que se pegue.
3 Lave cuidadosamente los frascos, las juntas y las tapas y métalos en el horno a baja temperatura para esterilizarlos mientras cuece el encurtido. Sáquelos del horno. Meta el encurtido muy caliente en los frascos y tápelos inmediatamente. Déjelos enfriar a temperatura ambiente, etiquételos y guárdelos en un sitio fresco y oscuro.

Consejos del chef

El encurtido puede durar unos 6 meses; el sabor se hará más intenso con el tiempo. Los encurtidos y adobos suelen mezclar sabores picantes y salados, dulces y amargos que contrastan con los platos habituales. Las salsas de yogurt natural se pueden preparar en pocos minutos utilizando prácticamente cualquier verdura o hierba aromática. Los encurtidos, sin embargo, requieren por lo general un proceso de maduración bastante prolongado y sólo llegarán a tener su mejor sabor transcurridas varias semanas.

Chapatis

Tiempo de preparación: 10 min + 30 min de reposo
Tiempo total de cocción: 20 min
Rendimiento: 12 unidades

1 taza de harina común
1 taza de harina integral o harina de *atta*
1 cucharada de *ghee*
1/2 cucharadita de sal
2/3 de taza de agua

➤ Mezcle las harinas en un cuenco.
1 Trabaje con los dedos el *ghee* hasta obtener una masa uniforme. Disuelva la sal en el agua, échela en la harina y amásela hasta formar una bola. Trabaje la masa sobre una superficie enharinada durante unos 5 minutos hasta que quede elástica. Déjela reposar 30 minutos en un lugar fresco.
2 Divida la masa en cuatro partes iguales y cada una de estas en tres, para formar 12 bolitas. Extiéndalas con el rodillo y forme círculos de unos 15 cm de diámetro; mantenga las restantes tapadas con un paño limpio húmedo para evitar que se sequen.
3 Cueza en una sartén antiadherente a fuego medio los *chapatis* de uno en uno durante 1 minuto por cada cara, presionando sobre los bordes con un paño limpio y seco para que se esponje bastante. Al sacarlos, apílelos en una fuente y tápelos con una servilleta limpia. Sírvalos bien calientes.

Consejos del chef

La masa se puede hacer el día antes y guardarla en la nevera.

Encurtido de hortalizas en aceite (arriba), Chapatis

Malasia

Barbacoa de mariscos

Tiempo de preparación: 30 min + 15 min de marinado
Tiempo total de cocción: 10 min
Raciones: 6

1 cebolla mediana, rallada
4 dientes de ajo, picados
1 trozo de 5 cm de jengibre fresco, rallado
3 tallos de hierba de limón (sólo la parte blanca), picados
2 cucharaditas de cúrcuma fresca, rallada o molida
1 cucharadita de pasta de gambas
1/3 de taza (80 ml) de aceite vegetal
1/4 de cucharadita de sal
4 tubos de calamar medianos
2 filetes de pescado blanco, gruesos
8 langostinos crudos
2 limas, en gajos
hojas de plátano, para servir

1 Mezcle la cebolla, el ajo, el jengibre, la hierba de limón, la cúrcuma, la pasta de gambas, el aceite y la sal en una trituradora y bátalos hasta que la mezcla forme una pasta homogénea.
2 Abra los calamares cortándolos a lo largo y extiéndalos sobre la mesa con la cara interior blanda hacia arriba. Haga cortes superficiales en forma de panal de abeja, teniendo cuidado de no traspasar, y corte luego en trozos grandes. Lave bien todos los trozos en agua fría y séquelos con servilletas de papel. Úntelos ligeramente con la pasta de especias. Ponga el calamar en una fuente y métalo bien tapado en el refrigerador unos 15 minutos.
3 Engrase con una ligera capa de aceite la plancha de la barbacoa y caliéntela. Cuando la plancha esté bien caliente, coloque en ella los filetes de pescado y los langostinos juntos. Áselos unos 3 minutos por cada lado, dándoles una sola vuelta, o hasta que el pescado quede bien hecho y no se deshaga y los langostinos se pongan de color rojo anaranjado brillante. Ponga los trozos de calamar y áselos unos 2 minutos o hasta que la carne se ponga blanca y empiece a enrollarse, teniendo cuidado de que no se pase.
4 Ponga el marisco y el pescado en una fuente cubierta con hojas de plátano, decórelos con los gajos de lima y sirva inmediatamente, adornado, si lo desea, con tiritas de la cáscara de lima y algunas ramitas de hierbabuena fresca. Puede acompañar este plato con arroz cocido al vapor o en agua.

Consejos del chef

Si lo sirve como parte de una cena, ponga a cada invitado un lavamanos con agua caliente para que pueda limpiarse los dedos después de pelar los langostinos.
Las hojas de plátano las puede adquirir en fruterías y tiendas especializadas.
Si deja los mariscos más tiempo en la marinada, tendrán más sabor.
Variación: puede usar todo tipo de mariscos: el pulpo, los mejillones, las vieiras y las ostras son igualmente adecuados para la barbacoa.

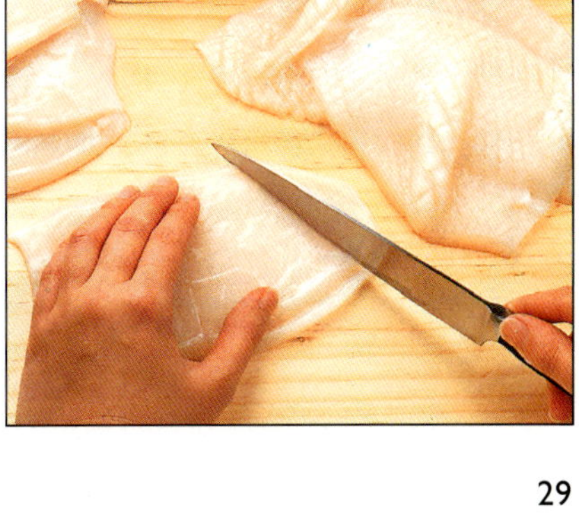

Pollo campero al estilo del capitán

Tiempo de preparación: 35 min
Tiempo total de cocción: 35 min
Raciones: 4-6

- 30 g de gambas secas
- 4 cucharadas de aceite
- 4-8 guindillas rojas, sin semillas y picadas finas
- 4 dientes de ajo, picados finos
- 3 tallos de hierba de limón (sólo la parte blanca), picados finos
- 2 cucharaditas de cúrcuma (azafrán de las Indias)
- 10 nueces de bancul
- 2 cebollas grandes, picadas
- 1/4 de cucharadita de sal
- 500 g de antemuslos deshuesados, en trozos pequeños
- 1 taza (250 ml) de leche de coco
- 1 taza (250 ml) de agua
- 1/2 taza (125 ml) de crema de coco
- 2 cucharadas de zumo de lima

1 Fría los las gambas en una sartén con poco aceite y a fuego lento durante 3 minutos, removiendo la sartén con regularidad. Las gambas estarán hechas cuando se pongan de color naranja intenso y desprendan un aroma penetrante. Pase las gambas a un mortero y macháquelas hasta que queden molidas muy finamente, o tritúrelas en una batidora (esta carne de gamba molida se llama pasta de gambas). Ponga la pasta en un recipiente aparte y resérvela.

2 Ponga en una batidora la mitad del aceite con las guindillas, el ajo, la hierba de limón, la cúrcuma y las nueces de bancul y tritúrelas a ráfagas cortas hasta que todo quede picado muy fino, rebañando cada vez las paredes del recipiente con una espátula de goma.

3 Eche el aceite restante en una sartén honda o en un *wok* de hierro colado, y sofría la cebolla con la sal a fuego lento, removiendo a intervalos regulares, durante unos 8 minutos, o hasta que esté dorada. Tenga cuidado de no quemar la cebolla, amargaría el plato Agregue la mezcla de especias y casi toda la pasta de gambas, apartando la necesaria para decorar el plato. Sofría durante unos 5 minutos. Si la mezcla empieza a pegarse en el fondo, incorpore 2 cucharadas de leche de coco. Es importante que la mezcla se cueza uniformemente para que todo coja sabor.

4 Añada el pollo y remuévalo bien; saltéelo durante 5 minutos o hasta que empiece a dorarse. Incorpore la leche de coco y el agua y llévelo de nuevo a ebullición. Reduzca el fuego y deje que cueza suavemente unos 7 minutos o hasta que el pollo esté completamente hecho y la salsa haya espesado. Añada la crema de coco y lleve de nuevo a ebullición, sin dejar de remover. Incorpore el jugo de lima y sírvalo inmediatamente, con un poco de la pasta de gambas que había apartado por encima. Sírvalo con arroz cocido al vapor.

Fideos de arroz fritos

Tiempo de preparación: 30 min
Tiempo total de cocción: 15 min
Raciones: 4

2 salchichas chinas secas
2 cucharadas de aceite
2 dientes de ajo, picados finos
1 cebolla mediana, picada fina
3 guindillas rojas, picadas
250 g de cerdo asado en barbacoa al estilo chino, en cuadraditos finos
200 g de gambas frescas y peladas
2 cucharadas de *kecap manis*
500 g de fideos de arroz frescos, separados con cuidado
150 g de chalotas, cortadas en trozos de 3 cm
3 huevos, poco batidos
1 cucharada de vinagre de arroz
100 g de brotes de soja, sin los extremos duros

1 Corte las salchichas secas diagonalmente en lonchas muy finas. Caliente el aceite en un *wok* de hierro colado o en una sartén honda. Fría las salchichas, removiéndolas regularmente hasta que estén doradas y muy crujientes. Sáquelas con una espumadera y póngalas a escurrir sobre servilletas de papel.

2 Vuelva a calentar el aceite en el *wok*; eche el ajo, la cebolla, las guindillas y la carne de cerdo y saltéelo durante 2 minutos. Añada las gambas y no deje de remover hasta que cambien de color. Incorpore los fideos, las chalotas y el *kecap manis*; remuévalo bien todo. Saltéelo durante 1 minuto más o hasta que los fideos empiecen a ablandarse. Incorpore al *wok* el huevo y el vinagre, previamente mezclados, y remuévalo todo durante 1 minuto. Tenga cuidado de no freír demasiado los fideos ni dejar que se peguen o se quemen en el fondo de la sartén.

3 Añada los brotes de soja a la mezcla y júntelo todo bien. Páselo a una fuente de servir grande, reparta las rodajas de salchicha por encima y remueva un poco para que se entremezclen algunas rodajas con los fideos. Sírvalo inmediatamente, adornado con algunas chalotas más.

Consejos del chef

Las salchichas chinas de cerdo (*lup chiang*) deben cocerse antes de comerlas.

Sopa picante de arroz y mariscos (Laksa Lemak)

Tiempo de preparación: 1 h + el remojo
Tiempo total de cocción: 1 h
Raciones: 4

4-5 guindillas rojas grandes, secas
500 g de gambas crudas
1,5 litros de agua
1 cebolla roja, picada gruesa
1 trozo de *galangal*, de 5 cm, pelado y picado en trozos grandes
4 tallos de hierba de limón (sólo la parte blanca), en rodajas
3 guindillas rojas medianas, sin semillas y picadas gruesas
10 nueces de bancul
2 cucharaditas de pasta de gambas
2 cucharaditas de cúrcuma fresca, rallada
3 cucharadas de aceite
2 tazas (500 ml) de leche de coco
8 croquetas de pescado, fritas y cortadas en rodajas
500 g de fideos finos de pasta de arroz fresca, separados cuidadosamente con las yemas de los dedos
1-2 pepinos de cáscara fina (pepinos libaneses) cortados en tiras delgadas y cortas
100 g de brotes de soja, quitadas las puntas duras
1/2 taza de hojas de menta o de hierbabuena

1 Deje en remojo las guindillas en agua caliente durante 20 minutos mientras prepara el caldo.
2 Aparte 4 gambas y pele el resto. No tire las cabezas, cáscaras, colas y patas: póngalas en una sartén grande y honda y saltéelas a fuego medio durante 10 minutos, agitando la sartén de vez en cuando hasta que se pongan de color naranja oscuro y desprendan un aroma intenso. Incorpore 1 taza (250 ml) de agua y deje que cueza a fuego fuerte; cuando se haya evaporado la mayor parte, añada otra taza y espere a que hierva antes de añadir el agua restante. Si añade el agua lentamente al principio, el caldo adquirirá un color oscuro y se espesará, disolviéndose en él todo el jugo de la sartén. Llévelo a ebullición y déjelo que cueza sin tapar y a fuego lento durante 30 minutos. Agregue las 4 gambas enteras que había apartado y cuézalas hasta que se pongan de color rosado; sáquelas con una espumadera y póngalas aparte. Pase el caldo por un colador y tire todas las cáscaras. Deberá obtener unas 2 o 3 tazas (500 o 750 ml) de caldo.
3 Mientras el caldo esté cociendo a fuego lento, escurra las guindillas y póngalas en una trituradora con la cebolla, el galangal, la hierba de limón, las guindillas picadas, las nueces de bancul, la pasta de gambas, la cúrcuma y 2 cucharadas de aceite. Tritúrelo todo hasta que quede picado muy fino, rebañando a intervalos regulares las paredes del recipiente con una espátula de goma.
4 Caliente el aceite restante en un *wok* y sofría la pasta a fuego lento durante 8 minutos, removiendo con frecuencia hasta que la mezcla desarrolle todo su aroma. Incorpore el caldo y la leche de coco. Llévelo a ebullición, reduzca el fuego y déjelo cocer a fuego lento durante 5 minutos. Agregue las gambas crudas y las croquetas de pescado en rodajas y deje que cueza la mezcla a fuego lento hasta que las gambas adquieran un ligero color rosado.
5 En otra olla con agua hirviendo, cueza los fideos de arroz durante 30 segundos. No los cueza en exceso o se separarán. Escúrralos bien y distribúyalos en cuatro cuencos soperos.
6 Sirva la sopa caliente sobre los fideos. Adorne cada cuenco con un poco de pepino, brotes de soja y hojas de hierbabuena y ponga encima de todo una gamba cocida. Sírvalo inmediatamente. Coloque el resto de la guarnición en una fuente para que sus invitados se puedan servir a su gusto y disfrutar plenamente la deliciosa *laksa*.

Consejos del chef
Si no puede conseguir los fideos finos de pasta de arroz fresca, use fideos secos de arroz y cuézalos siguiendo las instrucciones del paquete. El sabor de los fideos secos es prácticamente el mismo y, además, se conservan mejor.

El *kauli*, nombre que recibe el *wok* malayo, es de hierro colado y resulta muy pesado. En su lugar, puede usar cualquier *wok* o sartén de fondo grueso.
Las croquetas de pescado y las nueces de bancul se pueden adquirir en las tiendas especializadas en productos asiáticos.

Las nueces de bancul se utilizan para espesar muchas y variadas salsas de *curry* y para darles sabor. Pero tenga siempre muy en cuenta que son tóxicas si se utilizan sin cocer. Si no consigue encontrar nueces de bancul, puede utilizar en su lugar nueces de macadamia.

Curry de ternera con coco

Tiempo de preparación: 1 h + 30 min de reposo
Tiempo total de cocción: 2 h
Raciones: 4

1 pieza de 350 g de babilla
6 guindillas rojas secas
1 1/2 tazas (135 g) de coco rallado seco
1 cebolla mediana, picada gruesa
3 dientes de ajo
2 tallos de hierba de limón (sólo la parte blanca), en rodajas
1 trozo de *galangal* de 3 cm, cortado en rodajas
1 trozo de 2 cm de jengibre fresco, en rebanadas
1 cucharada de cilantro molido
2 cucharaditas de comino molido
1 cucharadita de cúrcuma fresca, rallada o molida
1 cucharadita de pasta de gambas
1 cucharadita de cáscara de lima, rallada
3 cucharadas de aceite
1 taza (250 ml) de leche de coco
1 cucharada de *kecap manis*
1 cucharada de concentrado de tamarindo
1/4 de cucharadita de sal
2 cebolletas, en rodajas muy finas, de guarnición

1 Ponga la carne en una cazuela mediana y cúbrala de agua. Llévela a ebullición, tápela y déjela que cueza a fuego lento durante 1 1/2 horas. Ponga las guindillas en un cuenco, cúbralas con agua hirviendo y déjelas en remojo durante 15 minutos. Mientras, reparta el coco rallado en una bandeja y tuéstelo en el horno a 150° C durante 10 minutos o hasta que se dore, sacudiendo la bandeja de vez en cuando. Saque la bandeja del horno inmediatamente para que no se queme el coco y déjela enfriar.
2 Escurra las guindillas y póngalas dentro de una trituradora con la cebolla, el ajo, la hierba de limón, el *galangal*, el jengibre, el cilantro, el comino, la cúrcuma, la pasta de gambas y la cáscara de lima. Añada hasta 2 cucharadas de aceite para facilitar el proceso; tritúrelo hasta que todo quede picado muy fino, rebañando hacia abajo de vez en cuando las paredes de la trituradora con una espátula de goma. Pase todo a un cuenco y déjelo reposar.
3 Saque la carne del caldo y deje que se enfríe durante 20 minutos. Córtela en rectángulos pequeños. Si tiene prisa, póngase unos guantes de goma y corte la carne en caliente. Mézclela con la pasta y déjela marinando durante 10 minutos.
4 Caliente el aceite restante en un *wok* o en una sartén de fondo grueso y saltee la mezcla a fuego fuerte hasta que esté bien dorada. Agregue la leche de coco, el *kecap manis*, el concentrado de tamarindo y la sal; siga cociendo y removiendo durante 8 minutos o hasta que la mezcla esté casi seca. Incorpore al *wok* el coco tostado y remueva a fondo. Adórnelo con cebolleta y sírvalo con arroz cocido al vapor y una ensalada verde.

Pescado al Curry

Tiempo de preparación: 25 min
Tiempo total de cocción: 25 min
Raciones: 4

3-6 guindillas rojas medianas
1 cebolla, picada
4 dientes de ajo
3 tallos de hierba de limón (sólo la parte blanca), en rodajas
1 trozo de 4 cm de jengibre fresco, en rodajas
2 cucharaditas de pasta de gambas
1/4 de taza (60 ml) de aceite
1 cucharada de polvo de *curry* de pescado
1 taza (250 ml) de leche de coco
1 taza (250 ml) de agua
1 cucharada de concentrado de tamarindo
1 cucharada de *kecap manis*
350 g de filetes de pescado blanco, de carne consistente, en daditos
2 tomates maduros, picados
1 cucharada de zumo de limón
1/4 de cucharadita de sal
1/4 de pimienta

1 Ponga las guindillas, la cebolla, el ajo, la hierba de limón, el jengibre y la pasta de gambas en una trituradora y bátalos gruesos. Agregue 2 cucharadas de aceite y continúe batiendo hasta que la mezcla forme una pasta cremosa y sin grumos, rebañando hacia abajo de vez en cuando los bordes del vaso con una espátula.

2 Caliente el aceite restante en un *wok* o en una sartén grande de fondo grueso e incorpore la pasta. Sofría durante 3 o 4 minutos a fuego lento y sin dejar de remover hasta que desprenda mucho aroma. Añada el *curry* en polvo y siga sofriendo a fuego lento y sin dejar de remover durante 2 minutos más. Añada la leche de coco, el agua, el tamarindo y el *kecap manis*. Llévelo a ebullición, removiendo de vez en cuando, y reduzca el fuego, dejando que cueza durante unos 10 minutos.

3 Incorpore el pescado, el tomate y el zumo de limón y sazone con sal y pimienta. Deje que cueza unos 5 minutos o hasta que el pescado esté bien hecho. Sirva enseguida con arroz cocido al vapor y adornado con brotes de soja o hierbas de olor.

Consejos del chef

El polvo de *curry* de pescado es una mezcla de especias que combina bien con los delicados sabores del marisco.

Indonesia

Rodajas de pescado con especias al horno

Tiempo de preparación: 15 min
Tiempo total de cocción: 15-20 min
Raciones: 4

1 cucharada de aceite
1 cebolla, picada muy fina
2 dientes de ajo, picados finos
1 trozo de 5 cm de jengibre fresco
1 cucharadita de cilantro molido
1 tallo de hierba de limón (sólo la parte blanca), picado fino
2 cucharaditas de concentrado de tamarindo
2 cucharaditas de cáscara de limón, rallada muy fina
4 rodajas de pescado pequeñas
gajos de lima, para adorno
pimienta negra, recién molida

1 Precaliente el horno a 160° C. Ralle el jengibre. Forre una bandeja de horno con papel de aluminio y acéitela para evitar que se pegue el pescado. Caliente el aceite en una sartén, eche la cebolla, el ajo, el jengibre, el cilantro y la hierba de limón, y saltee todo a fuego medio durante 5 minutos o hasta que desprenda mucho aroma.
2 Incorpore el concentrado de tamarindo, la cáscara de limón y un poco de pimienta negra recién molida. Retírelo del fuego y déjelo aparte hasta que se enfríe.
3 Unte la pasta de especias sobre el pescado puesto en la bandeja en una capa.
4 Hornéelo de 10 a 15 minutos o hasta que el pescado se abra fácilmente con un tenedor. Procure no hornearlo demasiado para que no se seque. Adórnelo con gajos de lima y sírvalo con arroz cocido al vapor.

Consejos del chef

La mezcla de especias se puede preparar el día anterior y guardarla en el refrigerador en un recipiente hermético y sin aire. Puede aumentar el tiempo de cocción si las rodajas de pescado son muy gruesas.

Nasi Goreng (Arroz frito)

Tiempo de preparación: 35 min
Tiempo total de cocción: 25-30 min
Raciones: 4

2 huevos
1/4 de cucharadita de sal
1/3 de taza (80 ml) de aceite
3 dientes de ajo, picados finos
1 cebolla, picada fina
2 guindillas rojas, picadas finas
1 cucharadita de pasta de gambas secas
1 cucharadita de semillas de cilantro
1/2 cucharadita de azúcar
200 g de cadera de ternera, cortada en cuadraditos pequeños
200 g de gambas, peladas
3 tazas (555 g) de arroz cocido, frío
2 cucharaditas de *kecap manis*
1 cucharada de salsa de soja
4 cebolletas, picadas finas
1/2 lechuga, cortada fina
1 pepino, en medias rodajas
3 cucharadas de cebolla refrita

1 Bata bien los huevos con la sal. Caliente una sartén a fuego medio y engrásela con 1 cucharada de aceite. Vierta en la sartén la cuarta parte del huevo batido y cuaje de 1 a 2 minutos la tortilla por una cara. Déle la vuelta y déjela 30 segundos más. Sáquela de la sartén y repita el proceso con el resto del huevo. Cuando se hayan enfriado las tortillas, enróllelas con cuidado y córtelas en tiritas estrechas; resérvelas.
2 Mezcle el ajo, la cebolla, las guindillas, la pasta de gambas, el cilantro y el azúcar y tritúrelos en una batidora o májelos hasta hacer una pasta uniforme.
3 Caliente un *wok* o una sartén grande y honda a fuego fuerte, ponga 1 cucharada de aceite y fría la pasta durante 1 minuto hasta que esté bien aromática. Agregue la carne y las gambas y saltee hasta que cambien de color. Sáquelas y resérvelas.
4 Espere a que el *wok* esté otra vez bien caliente, eche el aceite restante y el arroz. Saltéelo hasta que quede suelto y bien caliente. Añada el *kecap manis*, la soja y la cebolleta; sofría durante 1 minuto más.
5 Coloque la lechuga en círculo en una fuente de servir. Ponga el arroz en el centro y adórnelo con las tiras de tortilla, el pepino y la cebolla refrita.

Ayam Panggang (Asado picante de pollo)

Tiempo de preparación: 20 min
Tiempo total de cocción: 1 h
Raciones: 4-6

1,5 kg de pollo
3 cucharaditas de guindillas picadas
3 dientes de ajo, pelados
2 cucharaditas de granos secos de pimienta verde, machacados
2 cucharaditas de azúcar morena fina
2 cucharadas de salsa de soja
2 cucharaditas de cúrcuma molida (azafrán de las Indias)
1 cucharada de zumo de lima
30 g de mantequilla, en cuadraditos

1 Precaliente el horno a 180° C. Corte el pollo a lo largo por debajo con una hacheta, y sepárelo en dos cortando la carcasa por arriba, entre las pechugas. Remeta las puntas de las alas para que no se quemen. Ponga el pollo con la piel hacia arriba en una bandeja con rejilla y hornéelo durante 30 minutos.

2 Mientras tanto, triture las guindillas, el ajo, los granos de pimienta verde y el azúcar en una batidora, o machárquelos en un mortero, hasta obtener una pasta homogénea. Agregue la salsa de soja, la cúrcuma y el jugo de lima, y bátalo todo a ráfagas cortas hasta que quede bien mezclado.

3 Unte bien todo el pollo con la mezcla de especias, distribuya los trozos de mantequilla por encima y déjelo horneando otros 25 o 30 minutos, o hasta que esté completamente asado. Sírvalo caliente o a temperatura ambiente, adornado con gajos de lima y las hierbas aromáticas frescas que prefiera.

Pollo picante al estilo de Indonesia

Tiempo de preparación: 15 min
Tiempo total de cocción: 1 h
Raciones: 6

1,5 kg de antemuslos de pollo
1 cebolla grande, picada gruesa
2 cucharaditas de ajo majado
1 cucharadita de jengibre, rallado
1/2 cucharadita de cúrcuma (azafrán de las Indias)
1/2 cucharadita de pimienta molida
2 cucharaditas de cilantro molido
1 cucharadita de sal
3 tiras de cáscara de limón o 3 hojas de lima *kaffir* frescas
1 lata de 400 ml de leche de coco
1 taza de agua
2 cucharaditas de azúcar morena fina o de azúcar de palma

➤ Lave el pollo en agua fría. Séquelo con papel absorbente y quítele las bolsas de grasa. Triture la cebolla, el ajo y el jengibre en la batidora hasta obtener una pasta uniforme y sin grumos; añada un poco de agua si fuese necesario.

1 Ponga el pollo, la mezcla de cebolla y los demás ingredientes en una cazuela y llévelo a ebullición a fuego lento.

2 Reduzca más el fuego y deje que cueza tapado durante 45 minutos o hasta que el pollo esté completamente tierno. Remueva de vez en cuando. Saque el pollo y tire la cáscara de limón o las hojas de lima.

3 Lleve de nuevo a ebullición la salsa y cuézala sin tapar y removiendo de cuando en cuando hasta que se espese. Ponga el pollo en una parrilla ligeramente aceitada y dórelo bien a fuego fuerte por ambas caras. Sírvalo cubierto con la salsa o ponga ésta por separado.

Consejos del chef

El pollo y la salsa se pueden preparar el día anterior. Guárdelos por separado y tapados en la nevera. Recaliéntelos a fuego lento. Guarde las especias molidas en recipientes cerrados herméticamente, en sitio oscuro. Variación: también se pueden asar las piezas de pollo en la barbacoa en lugar de hacerlo en la parrilla de la cocina.

Pollo en leche de coco al estilo indonesio

Tiempo de preparación: 15 min. + 1 h de marinado
Tiempo total de cocción: 50 min
Raciones: 4

8 muslos de pollo medianos, o 12 pequeños
2 cucharaditas de ajo majado
1 cucharadita de sal
1/2 cucharadita de pimienta negra molida
2 cucharaditas de comino molido
2 cucharaditas de cilantro molido
1/2 cucharadita de hinojo molido
1/2 cucharadita de canela en polvo
3 cucharadas de aceite
2 cebollas medianas, en rodajas finas
3/4 de taza de leche de coco
1 taza de agua
1 cucharada de zumo de limón, vinagre de malta o salsa de tamarindo

➤ Lave el pollo con agua fría y séquelo con papel absorbente.

1 Mezcle el ajo, la sal, la pimienta, el comino, el cilantro, el hinojo, la canela y 2 cucharadas de aceite. Unte el pollo con esta mezcla, tápelo y déjelo marinando durante 1 hora en el refrigerador.

2 Caliente el resto del aceite en una sartén grande. Eche la cebolla y, sin dejar de remover, sofríala hasta que quede dorada pero blanda. Añada el pollo y fríalo a fuego medio-fuerte hasta que quede bien dorado.

3 Mezcle la leche de coco con el agua y el zumo de limón, viértalo sobre el pollo, tápelo y déjelo cocer despacio unos 40 minutos hasta que esté bien tierno y la salsa haya reducido bastante. Sírvalo con arroz.

Consejos del chef
Prepárelo el día anterior.

Mee Goreng
(Fideos con gambas y ternera estilo indonesio)

Tiempo de preparación: 45 min
Tiempo total de cocción: 10 min
Raciones: 4

1 cebolla grande, picada fina
2 dientes de ajo, picados finos
2 guindillas rojas, sin semillas y picadas finas
1 trozo de 2 cm de jengibre fresco, rallado
1/4 de taza (60 ml) de aceite
350 g de fideos *hokkien*, separados con cuidado
500 g de gambas peladas
250 g de cadera, en tiras delgadas
4 cebolletas, picadas
1 zanahoria grande, cortada en bastoncitos
2 ramas de apio, cortadas en palillitos
1 cucharada de *kecap manis*
1 cucharada de salsa de soja
1 cucharada de salsa de tomate
varias cebolletas, como guarnición

1 Bata juntos la cebolla picada, el ajo, las guindillas y el jengibre en la trituradora o májelos en el mortero. Tritúrelos a ráfagas cortas o macháquelos bien hasta obtener una pasta uniforme, añadiendo un poco de aceite si fuese necesario para facilitar el trabajo. Resérvelo.

2 Caliente 1 cucharada de aceite en un *wok* o en una sartén grande; saltee los fideos hasta que estén inflados y bien calientes. Póngalos en una fuente de servir y cúbralos para mantenerlos calientes.

3 Ponga otra cucharada de aceite en el *wok* y sofría la pasta que tenía reservada hasta que esté bien dorada. Agregue luego las gambas, la carne y las verduras y saltéelo todo unos 2 o 3 minutos. Añada el *kecap manis*, las salsas de soja y de tomate y salpimente bien.

4 Vierta con cuidado esta mezcla de gambas, ternera y verduras por encima de los fideos y adorne la fuente con las cebolletas. Sírvalo inmediatamente.

Consejos del chef

Los fideos *hokkien* son gruesos y de color amarillo; si no los consigue, puede usar en su lugar fideos de huevo secos, pero tendrá que cocerlos y escurrirlos muy bien.

Crema de verduras al Curry

Tiempo de preparación: 30 min
Tiempo total de cocción: 25 min
Raciones: 4

2 cucharadas de aceite
1 cebolla roja grande, picada gruesa
3 dientes de ajo, picados finos
4 guindillas rojas, picadas finas
1 cucharadita de pasta de gambas
2 hojas frescas de laurel, troceadas
1 taza (250 ml) de leche de coco
1 cucharada de concentrado de tamarindo
2 cucharaditas de azúcar
1/4 de cucharadita de sal
500 g de calabaza, patata y zanahoria, picadas regularmente
250 g de judías verdes, calabacitas tiernas o calabacines, picados regularmente
2 tomates grandes, pelados y picados gruesos
150 g de hojas tiernas de espinaca
2 cucharadas de coco seco rallado
2 cucharadas de zumo de limón

1 Caliente el aceite en una sartén grande de fondo grueso. Añada a la vez la cebolla, el ajo, las guindillas y la pasta de gambas, y sofríalo durante 5 minutos, removiendo de vez en cuando para que la pasta de gambas se mezcle bien con todos los ingredientes. Añada las hojas de laurel, la leche de coco, el tamarindo, el azúcar y la sal. Llévelo a ebullición, baje el fuego y deje que siga cociendo a fuego lento durante 5 minutos.
2 Añada la picadura de calabaza, patata y zanahoria; tápelo y déjelo cocer 7 minutos, removiendo de vez en cuando. Incorpore la picadura de judías y calabacitas y deje cocer otros 5 minutos o hasta que las verduras estén tiernas. Incorpore luego los tomates y las espinacas y deje cociendo sin tapar 2 minutos más.
3 Justo antes de servir, incorpore el coco y rocíe todo con el zumo de limón. Sírvalo con arroz cocido al vapor.

Consejos del chef
Si el *curry* se pone demasiado espeso, añada 1/2 taza (125 ml) de agua.

Sopa de maíz dulce y cangrejo con cilantro

Tiempo de preparación: 15 min
Tiempo total de cocción: 10 min
Raciones: 4

$1^1/_2$ cucharadas de aceite
6 dientes de ajo, picados
6 chalotas, picadas
2 tallos de hierba de limón (sólo la parte blanca), picados finos
1 cucharada de jengibre fresco, rallado
1 litro de caldo de pollo
1 taza de leche de coco
$2^1/_2$ tazas de granos de maíz congelado
2 latas de 170 g de carne de cangrejo, escurrida
2 cucharadas de salsa de pescado
2 cucharadas de zumo de lima
1 cucharadita de azúcar morena fina
pimienta negra recién molida
hojas de cilantro frescas

1 Caliente el aceite en una sartén grande. Eche el ajo, las chalotas, la hierba de limón y el jengibre en la sartén y sofríalos a fuego medio durante 2 minutos, removiendo con frecuencia.
2 Incorpore el caldo y la leche de coco y llévelo a ebullición. Agregue luego el maíz y déjelo cocer durante 5 minutos.
3 Añada la carne de cangrejo, la salsa de pescado, el zumo de lima y el azúcar; remueva. Sazone con la pimienta y sírvala cubierta con hojas de cilantro.

Consejos del chef

Variación: antes de servir, se pueden mezclar en la sopa dos huevos bien batidos con dos cucharadas de agua.

Filetes de pescado en leche de coco

Tiempo de preparación: 10 min
Tiempo total de cocción: 15 min
Raciones: 4

2 guindillas verdes grandes
2 guindillas rojas pequeñas
400 g de filetes de pescado blanco
2 tallos de hierba de limón
2 raíces de cilantro
4 hojas de lima *kaffir* y otras de adorno
1 trozo de jengibre fresco de 2 cm, en rodajas delgadas
2 dientes de ajo, majados
3 cebolletas, sólo la parte blanca, en rodajas finas
1 cucharadita de azúcar morena fina
1 taza de leche de coco
1/2 taza de crema de coco
1 cucharada de salsa de pescado
sal
2-3 cucharadas de zumo de lima

1 Caliente un *wok* a fuego fuerte; cuando esté bien caliente, eche las guindillas enteras y tuéstelas hasta que queden bien doradas. Saque las guindillas verdes, déjelas enfriar y córtelas en rodajas. Corte los filetes de pescado en trozos de 5 cm de largo.

2 Aplaste la hierba de limón y las raíces de cilantro con la parte plana del cuchillo.

3 Eche en el *wok* la hierba de limón, las raíces de cilantro, las hojas de lima *kaffir*, el jengibre, el ajo, las cebollas, el azúcar y la leche de coco. Remueva bien todo y llévelo a ebullición. Reduzca el fuego y deje a fuego lento durante 2 minutos. Añada el pescado y deje que cueza a fuego lento durante 2 o 3 minutos, hasta que el pescado esté tierno. Incorpore la crema de coco.

4 Incorpore las guindillas verdes picadas y la salsa de pescado, añada la sal y el zumo de lima al gusto y remueva todo. Adorne el plato con unas hojas de lima *kaffir*.

Laos y Camboya

Langostinos cocidos al vapor en hojas de plátano

Tiempo de preparación: 30 min
Tiempo total de cocción: 15 min + 2 h de marinado
Raciones: 4

1 trozo de 2,5 cm de jengibre fresco, rallado
2 guindillas rojas pequeñas, picadas finas
4 cebolletas, picadas finas
2 tallos de hierba de limón (sólo la parte blanca), picados finos
2 cucharaditas de azúcar morena fina
1 cucharada de salsa de pescado
2 cucharadas de zumo de lima
1 cucharada de semillas de sésamo, tostadas
2 cucharadas de cilantro fresco, picado
1 kg de langostinos crudos, pelados y desvenados
8 hojas de plátano pequeñas

1 Triture el jengibre, las guindillas, la cebolleta y la hierba de limón en la batidora a ráfagas cortas hasta obtener una pasta uniforme. Pase la pasta a un cuenco; incorpore el azúcar, la salsa de pescado, el zumo de lima, las semillas de sésamo y el cilantro, y mézclelos bien. Añada los langostinos y remuévalos para bañarlos bien con la salsa. Deje marinando en el refrigerador durante 2 horas, bien tapado.
2 Escalde en agua hirviendo las hojas de plátano durante 3 minutos para que se ablanden. Escúrralas y séquelas con un paño limpio y córtelas con las tijeras en cuadrados de unos 18 cm de lado.
3 Saque la mezcla del refrigerador y divídala en ocho porciones iguales; ponga cada una de ellas en el centro de un cuadrado de hoja de plátano, dóblelo y remeta para que no se salga la mezcla y asegure cada envoltorio con un pincho de bambú.
4 Cueza al vapor los paquetes en un cestillo de bambú sobre agua cociendo a fuego lento entre 8 y 10 minutos, hasta que el relleno esté bien cocido.

Consejos del chef

Las hojas de plátano se pueden adquirir en tiendas de productos asiáticos.
Si las hojas de plátano son suficientemente grandes, puede hacer envoltorios de mayor tamaño.
Si no puede conseguir hojas de plátano, envuelva los langostinos en papel de aluminio o en papel de horno y cueza los paquetes al vapor. Si los cuece en la barbacoa, use en cualquier caso papel de aluminio.
Puede preparar y cocer los paquetes rellenos el día anterior y guardarlos bien tapados en el refrigerador.

Sopa de pescado con fideos

Tiempo de preparación: 15 min
Tiempo total de cocción: 20 min
Raciones: 4

200 g de fideos finos de arroz, secos
1 cucharada de aceite
1 trozo de 2,5 cm de jengibre fresco, rallado
3 guindillas rojas pequeñas, picadas finas
4 cebolletas, picadas
800 ml de leche de coco
2 cucharadas de salsa de pescado
2 cucharadas de puré de tomate
500 g de filetes de pescado blanco, en dados de 2 cm
2 lonchas gruesas de lacón, cortadas en dados
150 g de judías verdes redondas, cortadas en trozos pequeños
2 tazas (180 g) de brotes de soja, sin los extremos duros
1 taza (20 g) de hojas de hierbabuena fresca
1/2 taza (80 g) de cacahuetes tostados sin sal

1 Cueza los fideos de arroz en agua hirviendo durante 5 minutos; escúrralos.
2 Caliente el aceite en una cazuela de fondo grueso y sofría a fuego medio el jengibre, las guindillas y la cebolleta durante 3 minutos o hasta que la cebolla esté dorada.
3 Incorpore la leche de coco, la salsa de pescado y el puré de tomate, tápelo y deje que cueza 10 minutos a fuego lento.
4 Agregue los dados de pescado y de lacón y las judías y deje que cuezan 10 minutos, o hasta que el pescado esté tierno. Reparta los fideos en los cuencos, eche encima los brotes de soja y la hierbabuena. Vierta con cuidado la sopa por encima y espolvoree los cacahuetes tostados.

Consejos del chef

La mezcla de caldo se puede preparar anticipadamente. Cuando lo vaya a utilizar, vuelva a calentarlo brevemente, añada el pescado, el cordero y las verduras y siga las indicaciones de la receta.

Variación: los fideos frescos de pasta al huevo son una buena alternativa a los fideos finos de arroz. Cuézalos en agua hirviendo durante 5 minutos, escúrralos y repártalos en los cuencos.

Picadillo de pollo con hierbas y especias

Tiempo de preparación: 30 min
Tiempo total de cocción: 50 min
Raciones: 4-6

1/4 de taza (50 g) de arroz de grano largo
1 kg de antemuslos de pollo, deshuesados
2 cucharadas de aceite de cacahuete
4 dientes de ajo, majados
2 cucharadas de *galangal* fresco, rallado
2 guindillas rojas pequeñas, picadas finas
4 cebolletas, picadas finas
1/4 de taza (60 ml) de salsa de pescado
1 cucharada de pasta de gambas
3 cucharadas de hierbabuena fresca, picada
2 cucharadas de albahaca fresca, picada
4 cucharadas de zumo de lima
200 g de higaditos de pollo, opcional

1 Extienda el arroz en una bandeja de horno y tuéstelo a 180° C durante 15 minutos o hasta que esté dorado. Déjelo enfriar bien y bátalo en una trituradora hasta que quede finamente molido.
2 Mientras se enfría, triture el pollo en la picadora hasta que quede finamente picado. Caliente el aceite en un *wok* o en una sartén de fondo grueso; eche el ajo, el *galangal*, las guindillas y la cebolleta y sofríalo a fuego medio durante 3 minutos o hasta que estén dorados.
3 Eche el pollo en el *wok* y saltéelo durante 5 minutos o hasta que esté dorado. Deshaga todos los grumos que se formen con una cuchara de madera. Incorpore la salsa de pescado y la pasta de gambas, espere a que rompa a hervir, baje el fuego y déjelo cociendo otros 5 minutos.
4 Retírelo del fuego, incorpore las hierbas, el arroz y el zumo de lima y mézclelos bien. Si usa los higaditos de pollo, deberá cocerlos en 1/2 taza (125 ml) de caldo de pollo unos 5 minutos o hasta que estén tiernos; déjelos enfriar bastante antes de picarlos. Adorne el plato con guindillas abiertas a lo largo y sírvalo acompañado de arroz cremoso.

Sopa de pollo y calabaza

Tiempo de preparación: 30 min
Tiempo total de cocción: 50 min
Raciones: 4-6

1/2 taza (100 g) de arroz de grano largo
2 cucharadas de aceite
1 kg de pollo en trozos
3 dientes de ajo, majados
3 cucharadas de hierba de limón (sólo la parte blanca), picada fina
2 cucharaditas de cúrcuma fresca, rallada, o 1 cucharadita de azafrán, molido
2 cucharadas de *galangal*, rallado
6 hojas de lima *kaffir*, cortadas en juliana
6 cebolletas, picadas
4 tazas (1 litro) de caldo de pollo
500 g de calabaza, en cubitos
1 papaya verde pequeña, pelada y picada
125 g de judías verdes redondas, en trozos cortos

1 Extienda el arroz en una bandeja de horno y tuéstelo a 180° C durante 15 minutos o hasta que esté dorado. Déjelo enfriar bien y tritúrelo en una batidora hasta que quede finamente molido.

2 Entre tanto, caliente el aceite en una cazuela grande y rehogue los trozos de pollo en tandas unos 5 minutos por tanda o hasta que estén bien dorados. Escúrralos sobre servilletas de papel.

3 Incorpore a la cazuela el ajo, la hierba de limón picada, la cúrcuma, el *galangal*, las hojas de lima *kaffir* y la cebolleta; sofríalos a fuego medio unos 3 minutos o hasta que la cebolleta esté dorada pero sin tostarse. Ponga el pollo en la cazuela, añada el caldo, tápelo y deje que cueza a fuego lento durante 20 minutos. Agregue la calabaza y la papaya y déjelo cocer a fuego lento otros 10 minutos más. Incorpore las judías verdes y siga cociendo otros 10 minutos más, o hasta que el pollo esté tierno. Incorpore el arroz tostado y molido, vuelva a llevar a ebullición, reduzca el fuego y déjelo cocer a fuego lento durante 5 minutos, hasta que la mezcla se haya espesado bastante. Adorne el plato con las hojas de lima *kaffir*.

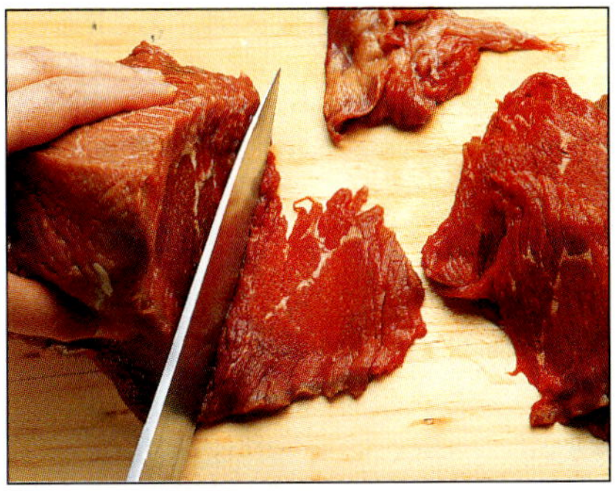

Buey seco laosiano con ensalada de papaya verde

Tiempo de preparación: 40 min + 4 h de marinado
Tiempo total de cocción: 5 h
Raciones: 6

1 kg de tapa de buey, parcialmente congelada
2 cucharaditas de sal
1/4 de cucharadita de chile en polvo
1 cucharadita de pimienta negra molida
1 cucharada de azúcar morena fina
4 dientes de ajo, majados
2 cucharaditas de aceite de sésamo
1 cucharada de aceite de cacahuete

Ensalada de papaya verde

1 papaya verde pequeña, pelada y sin semillas
1 zanahoria
2 dientes de ajo, majados
1 trozo de 6 cm de jengibre fresco, rallado
2 guindillas rojas pequeñas, picadas finas
2 cucharadas de salsa de pescado
4 hojas de lima *kaffir*, en juliana
1 cucharada de jugo de lima
2 cucharaditas de azúcar morena fina
1 cucharadita de aceite de sésamo
1 taza (30 g) de hojas frescas de cilantro
1 taza (160 g) de cacahuetes tostados sin sal

1 Quite a la carne todo exceso de grasa, córtela en lonchitas de 2,5 cm de espesor y éstas en tiras. Mezcle en un cuenco la sal, el chile en polvo, la pimienta, el azúcar, el ajo y los aceites de sésamo y de cacahuete. Añada la carne y remuévala bien a mano con la mezcla de aceite hasta que quede bien impregnada. Tápela con papel transparente y póngala a marinar en el refrigerador durante 4 horas.

2 Ponga la carne en una rejilla sobre una bandeja de horno y ásela a 120° C de temperatura durante unas 5 horas, o hasta que esté seca.

3 Ponga la carne a gratinar unos 3 minutos, con el gratinador muy caliente, antes de servirla. Llévela a la mesa con la ensalada de papaya verde.

4 **Para preparar la ensalada de papaya:** corte la papaya y la zanahoria en tiras delgadas con un rascador de limones o con un cuchillo. Eche en un cuenco los demás ingredientes y mézclelos bien. Sírvala.

Asado picante de pollo

Tiempo de preparación: 30 min
Tiempo total de cocción: 1 h y 20 min
Raciones: 6

3 guindillas rojas secas, pequeñas
1 cucharadita de semillas de hinojo
1 cucharadita de cominos
1 cucharadita de semillas de cilantro
1/8 de cucharadita de sal
1,5 kg de pollo
2 dientes de ajo, majados
1 cucharada de aceite de cacahuete
2 cebollas, picadas
250 g de carne picada de cerdo
1/2 taza (80 g) de cacahuetes, tostados y picados gruesos
3 cucharadas de zumo de lima
1 cucharada de hierbabuena fresca, picada
2 cucharadas de hojas frescas de cilantro picadas
1 cucharadita de aceite, aparte
1/2 taza (125 ml) de leche de coco

1 Precaliente el horno a 180° C. Ponga las guindillas rojas, el hinojo, el comino, las semillas de cilantro y la sal en un molinillo o mortero y muélalos hasta que queden reducidos a polvo.

2 Limpie el pollo, quítele todo exceso de grasa y unte la piel y el interior con el ajo majado.

3 Caliente el aceite en un *wok*, eche la cebolla y sofríala a fuego medio unos 3 minutos o hasta que quede bien dorada. Agregue la carne picada y sofríala 10 minutos o hasta que se dore. Retire el *wok* del fuego e incorpore los cacahuetes picados, el zumo de lima, la hierbabuena y el cilantro; remuévalo. Deje que la mezcla se enfríe antes de rellenar el pollo con ella. Cierre la abertura con un pincho de madera y ate las patas con hilo de cocina de forma que queden juntas.

4 Pinte la piel del pollo con un poco de aceite y úntela luego con la mezcla de especias. Ponga el pollo en una rejilla sobre una bandeja de horno. Hornéelo durante 30 minutos. Sáquelo del horno y mójelo con la leche de coco y los jugos del *wok*. Hornéelo otros 40 minutos, untándolo a menudo hasta que esté tierno. Quite el pincho y el hilo antes de servirlo. Una guarnición de hierbas frescas hará que tenga un aspecto aún más atractivo.

Sopa de mariscos

Tiempo de preparación: 30 min
Tiempo total de cocción: 40 min
Raciones: 6

1 cucharada de aceite
1 trozo de 5 cm de jengibre fresco, rallado
3 cucharadas de hierba de limón (sólo la parte blanca), picada fina
3 guindillas rojas pequeñas, picadas finas
2 cebollas, picadas
4 tomates medianos, pelados, sin semillas y picados
3 tazas (750 ml) de caldo de pescado de buena calidad
3 tazas (750 ml) de agua
4 hojas de lima *kaffir*, cortadas en juliana
1 taza (160 g) de piña fresca, picada
1 cucharada de concentrado de tamarindo
1 cucharada de azúcar de palma, rallada
2 cucharadas de jugo de lima
1 cucharada de salsa de pescado
500 g de filetes de pescado blanco, cortado en daditos
500 g de gambas grandes, peladas
2 cucharadas de cilantro fresco, picado

1 Caliente el aceite en una cazuela grande, eche el jengibre, la hierba de limón, las guindillas y la cebolla y saltéelos a fuego medio unos 5 minutos o hasta que la cebolla esté dorada.
2 Incorpore el tomate y deje que cueza unos 3 minutos. Añada el caldo de pescado, el agua, las hojas de lima *kaffir*, la piña, el tamarindo, el azúcar de palma, el jugo de lima y la salsa de pescado; tápelo y llévelo a ebullición. Reduzca el fuego y deje que siga cociendo otros 15 minutos.
3 Ponga el pescado, las gambas y el cilantro en la cazuela y déjelos cocer durante 10 minutos o hasta que el marisco esté tierno y en su punto.

Consejos del chef

El caldo para esta receta se puede preparar varios días antes si se conserva congelado en un recipiente hermético y sin aire.
Compre el concentrado de tamarindo y el azúcar de palma en las tiendas especializadas en productos asiáticos.

Pescado frito con salsa y especias

Tiempo de preparación: 20 min
Tiempo total de cocción: 20 min
Raciones: 6

1 taza (125 g) de harina común
1 cucharadita de comino molido
1 cucharadita de cilantro molido
1 cucharadita de pimentón
750 g de filetes de pescado blanco, como palometa o cazón
2 claras de huevo, poco batidas
aceite bastante para freír

Salsa de pescado y soja
1 cucharadita de aceite de sésamo
2 dientes de ajo, majados
1 trozo de 2,5 cm de jengibre fresco, rallado
1 cebolla, en rodajas
4 cebolletas, cortadas en palitos cortos
1 cucharada de salsa de pescado
2 cucharadas de salsa de soja, poco salada
1 cucharada de azúcar morena fina
1 taza (250 ml) de agua
1 cucharada de harina de maíz

1 Ponga en un cuenco mediano la harina, el comino molido, el cilantro y el pimentón, y mézclelos bien. Corte los filetes de pescado en dados de 2 cm, empápelos en la clara de huevo y rebócelos ligeramente con la mezcla de harina, sacudiéndolos un poco para quitarles la que tengan en exceso.

2 Caliente el aceite en una sartén honda o en un *wok* y saltee los dados de pescado, en tandas, a fuego fuerte durante 3 o 4 minutos o hasta que estén dorados y bien hechos. Déjelos escurrir sobre servilletas de papel y manténgalos calientes.

3 **Para preparar la salsa:** caliente el aceite de sésamo en una sartén y sofría el ajo, el jengibre, la cebolla y la cebolleta a fuego medio durante 3 minutos o hasta que la cebolla esté dorada. Incorpore las salsas de pescado y de soja, el azúcar morena y el agua. Deslíe la harina de maíz en un poco de agua y añada la mezcla de salsas, sin dejar de remover hasta que la salsa rompa a hervir y se espese.

4 Sirva las piezas de pescado cubiertas con la salsa muy caliente. Adorne el plato con rodajas de cebolleta. El arroz cocido al vapor o una ensalada pueden quedar muy bien como acompañantes de este plato.

Ensalada de carne de ternera marinada

Tiempo de preparación: 20 min
Tiempo total de cocción: 10 min + 2 h de marinado
Raciones: 4

500 g de cadera de ternera
4 cucharadas de agua
3 cucharadas de zumo de limón
2 cucharadas de hierba de limón (sólo la parte blanca), picada fina
1 cucharada de salsa de pescado
1 cebolla, en rodajas finas
1 cucharada de hierbabuena o de menta fresca, picada
2 cucharadas de cilantro fresco, picado
2 pepinos largos de piel fina, picados
1/2 col china, cortada en juliana

1 Ase la carne a la parrilla durante 3 minutos por cada cara o hasta que esté medio hecha. Retírela y déjela reposar tapada unos 5 minutos. Corte la pieza de carne en tiras de unos 5 mm de espesor.
2 Caliente el agua en un *wok*, eche la carne cortada en tiras y cuézala a fuego medio durante 2 minutos. No la cueza demasiado. Retírela del fuego y pase la carne y el caldo a una fuente.
3 Añada el zumo de limón, la hierba de limón, la salsa de pescado, las rodajas de cebolla, el cilantro picado y la hierbabuena; mezcle todo bien. Tápelo con plástico y guárdelo en la nevera, dejándolo marinar durante 2 horas. Incorpore luego el pepino.
4 Sirva la ensalada sobre una capa de col en juliana; si lo desea, puede decorarla con hojas o ramitas de hierbabuena enteras.

Consejos del chef
La carne se puede marinar durante toda la noche. Agregue el pepino antes de servir.

Singapur

Fideos estilo Singapur

Tiempo de preparación: 35 min + remojo
Tiempo total de cocción: 15-20 min
Raciones: 2-4

300 g de fideos finos de arroz, secos
2 cucharadas de aceite
2 dientes de ajo, picados finos
350 g de lomo de cerdo, cortado en tiras
300 g de gambas peladas, crudas
1 cebolla grande, cortada en cuñas finas
1-2 cucharadas de *curry* en polvo
150 g de judías verdes, cortadas en diagonal en trozos pequeños
1 zanahoria grande, cortada en bastoncitos finos
1 cucharadita de azúcar refinada
1 cucharadita de sal
1 cucharada de salsa de soja
200 g de brotes de soja, sin los extremos duros
cebolleta, cortada en tiritas finas para guarnición, opcional

1 Sumerja los fideos de arroz en agua hirviendo durante 5 minutos o hasta que estén blandos. Escúrralos bien.
2 Caliente 1 cucharada de aceite en un *wok* y, cuando esté bien caliente, eche el ajo, la carne de cerdo y las gambas. Saltéelo durante 2 minutos o hasta que estén bien hechos; sáquelos del *wok*. Ponga el *wok* a medio fuego.
3 Caliente el aceite restante en el *wok* y eche la cebolla y el *curry* en polvo; saltee durante 2 o 3 minutos. Agregue las judías, la zanahoria, el azúcar y la sal, eche un poco de agua por encima y saltéelo todo durante 2 minutos.
4 Incorpore al *wok* los fideos y la salsa de soja y remuévalos con 2 cucharas de madera. Añada los brotes de soja y la carne de cerdo, sazone al gusto con un poco más de sal, pimienta y azúcar, y remueva bien. Adorne los platos con las tiritas de cebolleta, si lo desea.

Rollitos de primavera fritos

Tiempo de preparación: 40 min
Tiempo total de cocción: 25 min
Rendimiento: 18 unidades

2 cucharadas de aceite
2 dientes de ajo, picados
1 trozo de 3 cm de jengibre fresco, rallado
100 g de carne picada de cerdo
100 g de carne picada de pollo
50 g de gambas crudas, picadas finas
2 cucharaditas de aceite de sésamo
2 ramas de apio, picadas finas
1 zanahoria pequeña, picada fina
1/2 taza (90 g) de castañas de agua, picadas
4 cebolletas, picadas
1 taza (45 g) de col china, en juliana
1/2 taza (125 ml) de caldo de pollo
1 cucharada de harina de maíz
2 cucharadas de salsa de ostras
1 cucharada de salsa de soja
1/2 cucharadita de sal
1/2 cucharadita de pimienta blanca
1/4 de taza (30 g) de harina de maíz, aparte
1/3 de taza (80 ml) de agua
36 hojitas de masa para los rollitos
aceite bastante para freír
salsa base (vea la página 4) o salsa de chile dulce

1 Caliente 1 cucharada de aceite en un *wok* o en una sartén, eche el ajo y el jengibre y saltéelos durante 30 segundos. Añada la carne de cerdo, el pollo y las gambas picadas; saltee todo durante 3 minutos o hasta que esté hecho. Pase la mezcla a un cuenco, eche el aceite de sésamo y mézclelo todo bien. Déjelo enfriar y resérvelo.
2 Vacíe el *wok*, caliente el aceite restante y eche en él el apio, la zanahoria, las castañas, la cebolleta y la col; saltéelo durante unos 2 minutos. En un cuenco, deslíe la harina de maíz con el caldo de pollo, añada las salsas de ostras y de soja, la sal y la pimienta; remueva hasta que quede una mezcla uniforme y sin grumos. Échela sobre las verduras y rehogue hasta que se haya espesado. Incorpore la mezcla de carnes.
3 En un cuenco pequeño, deslíe con agua la harina de maíz que tenía aparte hasta que no tenga grumos. Ponga 1 hojita de masa en la superficie de trabajo con una de las esquinas mirando hacia usted. Pinte todos los bordes con un poco de pasta de harina de maíz y ponga otra hojita encima. Pinte con pasta de harina de maíz los bordes de la segunda hojita. Extienda 1 cucharada de relleno a lo largo del borde inferior de la hojita. Doble el borde inferior por encima del relleno, haga presión sobre los lados y enróllelo sin titubear. Repita este paso con los demás rollitos.
4 Caliente el aceite en una sartén grande y fría los rollitos en tandas entre 2 y 3 minutos, hasta que queden crujientes y dorados. Déjelos escurrir sobre servilletas de papel y sírvalos con su salsa favorita.

Sopa de fideos

Tiempo de preparación: 30 min
Tiempo total de cocción: 30 min
Raciones: 4

300 g de gambas cocidas
200 g de hojas tiernas de espinaca
500 g de fideos frescos de Shanghai
1 cucharada de aceite
1 cebolla grande, picada fina
1 trozo de 5 cm de jengibre fresco, rallado
2 guindillas rojas, picadas finas
1,5 litros de caldo de pollo
2 cucharadas de salsa de soja
2 cucharaditas de azúcar morena fina
6 cebolletas, picadas
una mezcla de ajo y cebolla refritos, brotes de soja (sin los extremos duros), chile seco en hojillas, ajo picado, chalotas, azúcar, sal y pimienta, para sazonar en la mesa

1 Pele las gambas dejando las colas sin quitarles la cáscara. Lave las espinacas, escúrralas y quíteles los tallos largos; resérvelas.
2 Eche los fideos en el agua hirviendo y cuézalos durante 3 minutos, o hasta que estén hinchados y tiernos. Escúrralos y resérvelos. Caliente el aceite en una cazuela grande, eche en ella la cebolla y el jengibre y sofríalos a fuego medio durante 8 minutos, removiéndolos de vez en cuando.
3 Añada las guindillas, el caldo, la salsa de soja y el azúcar y, cuando rompan a hervir, reduzca el fuego y déjelos cocer durante 10 minutos; incorpore la cebolleta. Reparta los fideos entre los cuencos soperos, ponga encima las gambas y las hojas de espinaca. Vierta por encima el caldo hirviendo y adórnelos con algunas de las guarniciones sugeridas. Sírvala inmediatamente acompañada con el resto de las guarniciones para que los comensales se sirvan a su gusto.

Arroz cocido al vapor con coco

Tiempo de preparación: 5 min + 45 min de reposo
Tiempo total de cocción: 1 h
Raciones: 4

500 g de arroz blanco de grano largo
$1\frac{1}{2}$ tazas (375 ml) de leche de coco
1 cucharadita de sal

1 Eche 2 tazas (500 ml) de agua en un *wok*. Ponga una hoja grande de papel de hornear en la base de un cestillo grande de bambú para cocer al vapor y reparta el arroz por encima del papel. Ponga el agua a cocer y, cuando rompa a hervir, coloque el cestillo encima del *wok* (no debe tocar el agua) y póngale la tapa. Cueza el arroz al vapor durante 35 minutos, dándole una vuelta hacia la mitad de ese tiempo; vaya reponiendo poco a poco el agua que se vaya evaporando, si lo considera necesario.
2 Caliente suavemente la leche de coco con sal en un cazo de tamaño mediano. Añada el arroz cocido, llévelo a ebullición y remuévalo todo bien. Tápelo con una tapadera que ajuste bien y retírelo del fuego. Déjelo reposar durante 45 minutos, o hasta que el arroz haya absorbido la leche de coco.
3 Extienda de nuevo el arroz en el cestillo de bambú forrado con papel de hornear y tápelo. Compruebe que el *wok* tenga suficiente agua y vuelva a cocerlo al vapor otros 30 minutos.

Consejos del chef
El resultado es un arroz suave y ligero, de sabor delicado.
Puede utilizar arroz con aroma de jazmín o *basmati*, en vez del de grano largo.

Ensalada mixta de verduras

Tiempo de preparación: 40 min + enfriado
Tiempo total de cocción: 5 min
Raciones: 4-6

300 g de piña fresca, picada en trozos
1 pepino largo de piel fina, picado
250 g de tomatitos *cherry*, en mitades
150 g de judías verdes, en juliana
150 g de brotes de soja, sin los extremos duros
$^{1}/_{3}$ de taza (80 ml) de vinagre de vino de arroz
2 cucharadas de zumo de lima
2 guindillas rojas, sin semillas y picadas finas
2 cucharaditas de azúcar
$^{1}/_{4}$ de cucharadita de sal
30 g de gambas secas y hojas de hierbabuena, como guarnición

1 Mezcle en un cuenco la piña, el pepino, los tomates, las judías verdes y los brotes de soja; remuévalo bien, tápelo y guárdelo en el refrigerador hasta que se haya enfriado. Mezcle el vinagre, el jugo de lima, las guindillas, el azúcar y la sal en otro cuenco pequeño, hasta que el azúcar se disuelva del todo.
2 Saltee las gambas en una sartén sin aceite, sin parar de agitarla hasta que las gambas se pongan de color naranja pálido, pierdan el agua y desprendan su aroma. Ponga las gambas en la picadora y tritúrelas finas.
3 Disponga la ensalada fría en una fuente de servir, eche por encima la mitad del aliño y adórnela con las gambas secas y las hojas de hierbabuena. Sirva la ensalada inmediatamente, con el resto del aliño en un cuenco aparte.

Consejos del chef
Remueva la ensalada cuidadosamente para no romper las piezas enteras.
Variación: se puede sustituir la piña por mangos o papaya.

Arroz cocido al vapor con coco (arriba) y Ensalada mixta de verduras

Brochetas de pollo con salsa de cacahuete

Tiempo de preparación: 40 min + 30 min de marinado
Tiempo total de cocción: 15-20 min
Raciones: 4

500 g de antemuslos deshuesados
1 cebolla, picada gruesa
2 tallos de hierba de limón (sólo la parte blanca), en rodajas delgadas
4 dientes de ajo
2 guindillas rojas, picadas
2 cucharaditas de cilantro molido
1 cucharadita de comino molido
1/2 cucharadita de sal
1 cucharada de salsa de soja
1/4 de taza (60 ml) de aceite
1 cucharada de azúcar morena fina
rodajas de pepino y cacahuetes tostados y picados, como guarnición

Salsa de cacahuete
1/2 taza (125 g) de mantequilla con trocitos de cacahuete
1 taza (250 ml) de leche de coco
1/2 taza (125 ml) de agua
1-2 cucharadas de salsa de chile dulce
1 cucharada de salsa de soja
2 cucharaditas de zumo de limón

1 Sumerja 20 brochetas de madera en agua fría durante 30 minutos. Corte el pollo en tiras anchas de unos 6 cm de largo y 2 cm de ancho. Ensarte 1 tira en cada brocheta, aplanándolas para que se peguen a ella.
2 Ponga en la picadora la cebolla, la hierba de limón, el ajo, las guindillas, el cilantro, el comino, la sal y la salsa de soja; tritúrelos en ráfagas cortas hasta formar una pasta homogénea; si está muy espesa, añada un poco de aceite. Extienda la crema por encima del pollo, tápelo bien y guárdelo en el refrigerador durante 30 minutos.
3 **Para preparar la salsa de cacahuete:** rehogue todos los ingredientes en una sartén de fondo grueso a fuego lento. Cuando la mezcla rompa a hervir, retire la sartén del fuego. La salsa se espesará en reposo.
4 Ponga a calentar la plancha de la barbacoa y, cuando esté muy caliente, úntela con el aceite que haya quedado. Ase las brochetas de pollo durante 2 o 3 minutos por cada lado, salpicándolas con un poco de aceite y espolvoreando una pizca de

azúcar morena para que adquieran un sabor y un aspecto más agradables. Sirva las brochetas sobre una cama de arroz blanco, cubiertas con salsa de cacahuete y adornadas con rebanadas de pepino y cacahuetes picados. Sirva la salsa de cacahuete sobrante en un recipiente aparte.

Cangrejos al chile

Tiempo de preparación: 55 min
Tiempo total de cocción: 45 min
Raciones: 2-4

2 cangrejos azules muy frescos, de unos 500 g cada uno
1/2 taza (60 g) de harina
1/4 de taza (60 ml) de aceite
1 cebolla mediana, picada fina
1 trozo de 5 cm de jengibre fresco, rallado fino
4 dientes de ajo, picados finos
3-5 guindillas rojas, picadas finas
2 tazas (500 ml) de salsa de tomate en conserva
1 taza (250 ml) de agua
2 cucharadas de salsa de soja
2 cucharadas de salsa de chile dulce
1 cucharada de vinagre de vino de arroz
2 cucharadas de azúcar morena fina
salsa base (vea pág. 4), o salsa de Tabasco, o salsa de soja

1 Lave bien los cangrejos, restregando el caparazón con un estropajo. Con un cuchillo grande y resistente, corte los cangrejos por la mitad y lávelos en agua fría, quitando con cuidado las agallas amarillas y las partes esponjosas. Golpee las patas y las tenazas delanteras con la parte plana del cuchillo para cascar el caparazón (así hará que resulte más fácil comer la delicada carne que se esconde en su interior).

2 Enharine bien los cangrejos y sacuda la harina sobrante. Caliente unas 2 cucharadas de aceite en un *wok* o en una sartén grande, fría las mitades de cangrejo de una en una a fuego lento y dándoles vueltas cuidadosamente hasta que el caparazón se ponga de color rojo.

3 Eche el aceite restante en el *wok*, sofría la cebolla, el jengibre, el ajo y las guindillas unos 5 minutos, a fuego lento y removiendo de vez en cuando. Añada la salsa de tomate, el agua, la salsa de soja, la salsa de chile, el vinagre y el azúcar morena. Llévelo a ebullición y deje que cueza a fuego lento unos 15 minutos. Vuelva a poner los cangrejos en el *wok* y cuézalos a fuego lento entre 8 y 10 minutos, dándoles vueltas con cuidado en la salsa; la carne deberá quedar blanca. Evite cocerlo excesivamente. Sirva los cangrejos con arroz cocido al vapor y con las salsas para mojar que más le agraden.

Consejos del chef

Póngales a sus invitados lavamanos con agua caliente. También son muy prácticas las toallitas húmedas.

Índice alfabético